復刻版

『氷点』停刊の舞台裏

問われる中国の言論の自由

前中国青年報『氷点週刊』編集主幹
李 大同 著
三潴正道 監訳
而立会 訳

日本僑報社

◆目　次◆

はしがき

この文章を書き始めたのは、二〇〇六年四月五日である。

パソコンを立ち上げ、中国青年報インターネット版のホームページにアクセスし閲覧していて気がついた。今年一月一一日に掲載された中山大学の袁偉時教授による「現代化与歴史教科書（近代化と歴史教科書）」という長編の論文が消えている。削除されてしまったのだ。この文章は中国のマスコミ業界や政界に大騒動を巻き起こした。一月二四日、文章を掲載した中国青年報の『氷点週刊』がこのために当局によって停刊処分を受けたのである。『氷点週刊』の停刊事件はすぐさま重大な国際的ニュースとなった。世界数十カ国の百に上る数の有力メディア、そして香港・台湾の主要メディアが迅速で継続的かつ仔細な報道を行った。国内の著名知識人や元高官の多くが続々とコメントを発表し、憲法に公然と違反し言論の自由を抑圧する当局の悪辣なやり方を非難した上で、『氷点』の即時復刊を求めた。

国内外世論の大きな圧力の下、当局は異例ともいえる速さで歩み寄りを見せ、二月一六日、『氷点週刊』を三月一日に復刊すること、但し『氷点週刊』の編集主幹・李大同と副編集主幹の盧躍剛を解任すると発表した。この情報は、外交部と国務院報道弁公室（国務院新聞辦）で同時に外国メディアの中国特派員に向けて発表された。

これにより『氷点』停刊事件は一段落したのだが、当局は復刊の条件として三月一日の『氷点』復刊号に袁偉時教授の意見に反駁する内容の文章を掲載して「悪影響を収拾する」よう求めてきたのであった。

そして今、批判した側の文章が突如として中国青年報のウェブページ上に掲げられ、批判された側の文章は削除されてしまったのである。

今回の事件に関心を持った人々が、「百年前の中国の歴史を論じた文章がなぜこれほどまでの政治騒動を引き起こし、全世界が注目するようになったのだろうか。事件の経過や背景の真相はどこにあるのだろうか」という疑問を抱いても不思議ではない。

『氷点週刊』の編集主幹として、事件の一部始終を全て記録し、今日そして歴史上にとどめておく責任が私にはあった。

一　問われて久しい中国の教科書問題

歴史は偶然によって作られるものである。

私は中国青年報の『氷点週刊』編集主幹として、日頃頻繁に贈呈本をもらい受けている。二〇〇五年一二月中旬、私は「肖鉄」と名乗る方から『今朝』という雑誌の寄贈を受けた。記憶によれば、これが二回目の寄贈だ。どこが出版しているのか、注意して見たところ、背表紙の部分に香港〇〇出版社と小さく書いてあるだけであった。定価が付いていないので、おそらく個人出版の類であろう。この手の雑誌については、いつも家に持ち帰って食後のひと時にパラパラとページを繰ることにしている。

あくる日の朝、妻が何気なくこの雑誌を読んでいたところ、しばらくして私に「ここにある袁偉時教授が書いた歴史教科書批判の文章、これはあなたが前から取り上げようと思っていたテーマではなかったかしら」と言った。

そうかい、と私は雑誌を受け取り、その文章を読み始めた。細かい部分までよく読みながら、『氷点』に掲載できるものかどうか判断していった。一時間余り経って、これは良い文章だ、『氷点』に載せるに値するし、実際載せることもできそうだ、との結論を出した。

なぜ私がこれまで一貫して教科書を重視してきたか。それは、中国の教育に深刻な問題が存在しているからだ。その核心の一つが政治・文学・歴史分野の教科書の陳腐化と意識の形式化である。この二〇年、これらの陳腐な教科書が受験教育という列車に紛れ込み、列車の乗客たる全国の子供たちは無理やりその教条を暗記させられてきた。自己の思索を通して自分なりの結論を導き出すことが奨励されないどころか許されなかったのである。これは中国の青年世代の創造性に対する致命的な破壊であり、中国の未来に与える影響も計り知れない。

国内の有識者は早々とこの弊害に気が付き、批判的意見を多く発表しているが、いまだ重大なインパクトとはなり得ず、当局に重要視されるには至っていない。

一九九七年、発行数の少ない『北京文学』という文学雑誌に、三人のグループによって書かれた、小学校から中・高・大学までの国語教材や教授法に対する鋭敏で辛辣な文章が掲載された。この文章は二万字という長文であった。しばらくして、北京の『文摘報』がその中から約四〇〇〇字を選び出して転載し、知識層の関心を集めた。

教育界の友人二名（いずれも影響力のある教授である）が続けざまに、この文章に注目せよ、という電話をくれた。私もこの文章が気に入ったので、わざわざ『北京文学』の編集者にお願いして雑誌を送ってもらい、その全容を見た。私は全文を読み終わってから、『文摘報』には紙幅の制限があってこの文章の勘所をほとんど出しきれていない、と感じた。幾度か考えた末、これを再編集して『氷点』に掲載することを決めた。『氷点』は創刊以来オリジナルの報道を貫いてきたので、これまで他のメディアの文章を転載するようなことはなかったにもかかわらず敢えてこうしたのだ。

一九九八年一月六日、『氷点』にこの文章を再編集したものを掲載した。文字数は九〇〇〇字、「国語だけではない」という表題をつけた。この表題によって、中国の教科書問題は決して国語においてのみの話ではないということを読者に予告し、さらに分かりやすいようにわざわざ以下のような編者注をつけた。

国語だけではない、どの教科についてもみな同じような文章を書くことができるし、教科によってはもっとひどいモノもありうる、と言う人もいる。教育、それは民族そして国家の未来を育むゆりかごである。このゆりかごを操ることのできる者はみな、どのように揺らしてやれば民族の未来が約束されるのか考えてみなければならない。

『氷点』は中国の新聞界に多大な影響力を持っており、この転載は私の想像を超える大きな反響を呼び起こし、中国の国語教育を公に批判する風潮が沸き起こった。一時期、各地のメディアがこぞって記事の転載や討論を行い、中央テレビさえもがそれに加わった。強烈な世論によって、最高教育部門がこの問題を重要視し始めるのに時間はかからなかった。程なくしてから作者の一人が、「当時教育部門を担当していた李嵐清中央政治局常務委員兼国務院副総理が『教育部は国語教育問題および国語教材に就いて調査を実施し国務院に報告せよ』との指示を出した、教育部基礎教育局は指示を受けて、直ちに少人数からなる座談会を設置し、その場に李副総理も招聘した」ということを教えてくれた。またその後、民間で編集された、全く新しい視点に立った国語教科書が諸賢の努力により次々とお目見えするようになった。これらは、世論による今回の批判で得られた建設的な成果である、と言える。

他の教科に比べて国語の教科書が最も政治的リスクが小さかったため、国語を『氷点』による「第一次攻撃」の目標にしたのである。次の目標は何か、それは歴史であろうと思った。私はかつて、『氷点故事』という本の中で「歴史の授業とは何か。それは、用心して選んできたがゆえに大きく歪曲された歴史材料を利用して、ある種の『従順な人民』システムを作り上げるもの、と言うことができる。内容の陳腐さ、結論の杜撰さに対して数多くの歴史学の教授が大いに嘆息している。学生が無理やり覚える歴史と、歴史学会ですでに共通認識となっている事柄との間には気が遠くなるほどの隔たりがある。よしんば一人の歴史上の事件や人物に対するさまざまな評価を学生に示し、学生自らの評価を下すよう奨励したとしても、だ」という中国の歴史教科書についての基本的な判断を出している。

王皓撮影

　歴史教科書が『氷点』の第二目標となり得た理由は、その政治的リスクが「政治学科」に比べてかなり小さいことである。これまで数年間ずっと考え続けてきたのだが、訴求力のある文章を見つけることができず、この計画は座礁していた。そこへ突然袁偉時先生の文章を見る機会がやってきて、「天の賜物」と一種の興奮を覚えたのである。

　中山大学の袁偉時教授（写真）とは面識がないものの、互いに名を知り合ってからは久しい。私はインターネット上で先生の文章を多く読ませていただいていた。その中には中国近代史の分析に関する論文もあり、大いに啓発を受けたと同時に知識も深めた。しかし、今回の文章は拝見したことがなかったので、きっと発行数の少ないメディアに載せられたものだろう、と考えた。

　二〇〇五年一二月一八日、私は袁偉時先生にメールを出し、中国の歴史教科書についての自分の考えを伝えるとともに、先生の文章を『氷点』で発表してよいかどうかを伺った。

　翌日、袁先生から返事が来た。

「近代化と中国の歴史教科書問題」は古い文章で、広州で出版されている隔月誌『東方文化』で数年前に発表したものです。しかしこの刊行物は毎号三〇〇〇冊足らずの発行数で、読者は多くありませんでした。また、不認可団体の刊行物（『東方文化』は広東中華民族文化促進会が発行、会長は葉選平氏だったのだが）で、『東方文化』はとっくに停刊となってしまいました。私は『今朝』という雑誌を知りませんし、彼らがこの文章を掲載するにあたって私には連絡をよこしていません。が、思想は広め伝える必要がありますから、再掲載したいのであればどんな雑誌でも私は同意します。まして『氷点』でなら光栄なことです。近頃は仕事が山積ということもあり、この文章を修正するつもりはありません。電子データを添付しますので、不適当な部分は削っていただいて構いません。

袁先生のような著名な教授が、面識もないのにこれほどまでに快く私に編集の全権を委ねてくださったのを見て、私は喜んだ。すぐさま文章を『氷点』の各責任編集者に送り、抗し難い政治的リスクがあるかどうかを一緒に見てもらった。そして私たちは、政治的リスクはあるだろうが、この文章は大量の資料を用いてその観点を説明しているのだから、船がひっくり返る程のものではない、宣伝部の役人がこの文章を否定することはできても、これらの資料を一挙に抹殺することは不可能だ、という認識を持った。しかし、私は高をくりすぎていた。役人側がこの学術性の高い文章に対して難癖をつけようとするならば、まずはどうしても歴史学者の意見を聞かなければならないだろう、と思っていたのである。歴史学界では袁先生の観点を支持している向きも多く、少なくともすでに一派をなすほどだったのだ。私は宣伝部の役人の無知と横暴さを見くびっていた。

時はすでに年の瀬を迎えていた。袁偉時教授の文章は、元の計画では二〇〇六年一月四日の『氷点』新年第一号で発表される予定であったが、『新京報』の編集者が急に上海大学の朱学勤教授による「二〇〇五年の中国文学界における重大事件」という内容の文章を送ってきた。話によれば、掲載の約束をしていたのだが、余りにも微妙な内容だったので発表できなくなってしまった、このままでは作者に言い訳が立たないので、『氷点』で発表できるかどうか見てもらうしかなかった、とのことである。この文章を一通り読んでみたところ確かに優れた文章だったので、私はその場で掲載することを決めた。袁先生の文章は一号先延ばしにせざるを得なくなり、一月一一日に掲載されることになったのである。

『氷点』に対する陰謀がすでに実行前夜のところまで来ていたことを、私たちは知る由もなかった。後になって内情に通じている方から聞いたのだが、一二月二五日には既に中国青年報社社長と総編集長が、直属の上級機関である共産主義青年団中央指導部書記処の呼び出しを受け、中央指導部の主要幹部の一人が『氷点』の問題は共産主義青年団中央指導部では処理しきれなくなった」といった内容の話をしていたと言う。党中央宣伝部による『氷点週刊』の停刊への圧力が、二〇〇五年末には既にきわめて強くなっていたことがこれらの話で分かる。彼らが動かなかったのは、厳重な監視の下でその機会を待っていたからだったのである。しかし私たちはまだそれを知るすべもなく、危機がすでに間近に迫っていることに気づいていなかったのだ。

二　文章の発表が困難に。総編集長との論争

袁教授の文章は一万五〇〇〇字と長すぎたため、私の担当面に掲載するには一万字前後に削らなければならなかった。私は半日費やして用心深く文章を削る作業を行ったが、二〇〇〇字ほど削ったところで、もうこれ以上削ることはできないと感じた。これ以上削れば学術的に傷がつく。多くの重要資料が削られてしまえば、

この文章の観点は有力な論拠を失ってしまう。そこで私はこの大きさのまま発表することを決め、一紙面だけでは足りない部分については別の紙面に転載することにした。別の紙面の責任編集者は『氷点』の副編集主幹、盧躍剛氏であった。私が自分の計画を話したところ、彼は反論することなく三〇〇〇字前後のスペースを譲ってくれた。これは異例のやり方であり、『氷点』ではこれまでに一度、章詒和女史による京劇の巨匠馬連良氏についてのルポルタージュで四紙面を使ったことがあるのみであった。

二〇〇六年一月一〇日午後四時過ぎ、翌日出版される『氷点週刊』の四つの紙面全てのゲラ刷りが出来上がり、印刷に回すべく中国青年報社の担当副編集長である潘平氏へ送り、チェックを受けた。五時頃、潘平氏が私のオフィスにやってきて、「大同さん、李さんが事務所にくるようにとのことです」と言った。李さん、とは中国青年報総編集長の李而亮氏のことである。

何か問題ですか、と私は笑いながら尋ねた。

「なに、行けば分かるさ」と、潘平氏も笑いながら答えた。

これは、袁先生の文章が一大事であり、発表するべきかどうか自分だけでは判断できず、総編集長に文章を渡して読んでもらったところ、自分とは異なる意見が出てきた、ということなのだ。こんな場面はこれまで何度もあったので、私たちは二人ともよくわかっている。私は潘平氏と一緒に李而亮氏のオフィスに向かった。

この時点になっても私はまだ、一部の段落が削られるかも知れない、くらいに考えていたのである。例えば、袁先生が文章の中で中国と日本の歴史教科書についての比較を行って、両者の間には民族の深層文化心理において共通点があるということを指摘している点だ。中国の歴史教科書についてさまざまな問題を列挙したあとで、こう書かれている。

二〇〇〇年から二〇〇一年の間に中国人が関心を寄せた、無視できない国際的事件は日本の教科書問題であった。右翼勢力が作成した歴史教科書が、歴史の真相を覆い隠し、日本政府の犯した侵略という罪状を否定したことで、中韓両国政府と両国民を含めた日本国内外の政治家や民間人の猛烈な反発を買ったのだった。これは正義を広めるための闘いで、過去二四年間で今回が四回目であった。一九八二・八六・九六年と歴史を歪曲した新訂教科書が出現し、その度に日本国内外の憤りを買った。これは日本の思想文化における不治の病であり、日本人は懺悔の意識がないというきわめて強い印象を多くの人に与えている。そうした印象を受けた人々は更にもう一歩進んでこう問いたずねる。どうして死んだら罪を認めないような事になるのか。これは大和民族特有の欠点なのか。

先に述べた中国における教科書問題を見て、中国にも似たような問題がある、と言う推断を下すのは理にかなったことである。日本では二〇〇一年だけで新しい教科書が八種類出て、各学校はそれらから自由に選ぶことができるという。また、二〇〇五年に日本の右翼勢力が作成した教科書を採用した学校はわずか〇・四パーセントに過ぎなかったそうである。一方中国では、基本的な観点が全く同じである二つの教科書のうちから一つを選ぶ。日本は侵略者であり、中国は被侵略者である。ここには明らかな違いがある。しかし、両者には共通点もあるのだ。それは、いずれの社会の主流となる文化も自らの近代史に対する再認識に欠けている、ということである。さらに問題なのは、中国の国民あるいは主たる民族である漢民族の持っている本質的な欠点を批判しようといういかなる努力に対しても、中国の社会世論が全く寛容ではない、ということなのだ。

この観点は、現代の中国人青年の中に強い反日感情が普遍的に存在しているという現状において、明らかに極めて微妙な問題である。私の友人である馬立誠氏は数年前、「対日関係の新思考」という文章によってインターネット上で「憤青」と呼ばれる若者世代からしたたかに罵声を浴び、「民族の裏切り者」「売国奴」といった言葉が後を絶たなかった。

しかし袁偉時先生がさらに重要視したのは、中国についてであった。先生は以下のように分析している。

侮辱され、損害を蒙った屈辱は、中国人に新たな思想の足かせを与えた。これは長い時間かけて形作られてきた、一つの似て非なる観念に極めて顕著に現われた。「洋鬼子」は侵略者であり、中国人がすることこそみな道理に合っている、と。これが愛国主義の求めるところなのである。

現在の歴史教科書はこういったことを指導的思想としている。わが祖国を熱愛すると言うのは当然の理であるが、どのように愛するかについては選択肢が二つある。一つ目は、やみくもに愛国意識を煽り立てることである。中国の伝統文化の中には、「中国と夷の分別を明らかにせよ」「わが族類にあらざれば、その心必ず異なり」などの考え方が骨まで染み付いており、その毒は今なお消し去られていない。今様にいえば、「中国と外国との紛争では、中国が必ず正しい」のである。反列強・反西洋人すなわち愛国なのだ。したがって、資料の選択や使用に当たっては真偽を抜きにして中国に有利なものを、という事になる。もう一つは、理性的な態度を持って一切を分析することである。正しいものは正しい、間違っているものは間違っている、というように、一切の対外紛争について冷静で客観的かつ偏りなく対処することである。

私がこの内容を削らなかったのは、騒動に耐えうる、と自分で思ったからなのだが、どうやら総編集長は削除しようとしているらしい。私を呼び出したのは、私と話し合うためなのだろう。

ところが、座るや否や李而亮総編集長は私に「大同さん、袁偉時教授の文章について、今しがた総編集長四人でひと通り読んでみたのだが、リスクが大きすぎるからこれは発表できないという意見で一致した」と言ったのである。これは全く思いもよらなかった事だ。

「なんだって」

私の思惑をはるかに超えていた。これはすでに、大きな政治的リスクがある文章や報道について総編集長が集まって決定を下し、共同で責任を負うという「総編集長合同審査」の手続きを踏んでしまっている。中国青年報では、これが原稿についての最終審査であり、通常これ以後紙面の責任編集者には異議を申し立てる余地はない。ただ、私の場合はいくらか異なっていた。それは私が中国青年報においてもっともキャリアの長い熟練編集者であり、総編集長よりも在職期間が長いし、また、『氷点』は、読者や、中国の報道界に対して侮れない影響力を持っていたからである。これまでの歴代総編集長は、『氷点』について何か物申したいことがあったとしても、まずは辛抱強く私の考えを聞いてくれ、その後で決定を下していた。削除すべき段落があったとしても、私と顔をつき合わせて熟考し、相談してくれた。編集業務において、私の判断は会社の上層部に一目置かれていたのである。

もっとも、掲載する原稿について抗し難い政治的リスクを最大限回避しなければならないということに対しては私たちも総編集長も同じだ。会社の安全を守るためである。しかし、リスクの程度を判断するという事になると、通常は意見が異なる。私からしてみれば、耐えうる程度のリスクであれば真実かつ明晰である報道記事や文章をできる限り発表するべきである、と思う。なぜなら、それだけの値打ちがある上に、更に読者に喜ばれるからである。

「理由を聞かせてもらえますか」

わたしはいささか驚いていたが、それでもできる限りの平静さを保って尋ねた。

李而亮がいうには理由は次のようなことだった。「この論文の観点は悪くないだろう。しかし中国の教科書は国家が編纂したものであり、すなわち国家の行為なのであり、共産党の観点が集中的に反映されているものだ。そのため、教科書を批判すると、共産党を批判しているのだ、と上部が判断する可能性がある。リスクが大きすぎる」

そのロジックは成り立たないと感じ、私は反駁した。教科書を批判することとイコール国家の行為を批判することだ、と単純に言うことはできない。何年か前に、中国の報道界が「国語」教科書を盛大に批判したことがあったが、これといって政治的な騒ぎにもならなかったし、かえって関係当局に重視され、「国語」教科書の改善を促進するという積極的な結果をもたらしたではないか。

李而亮は言った。「国語」の教科書は政治的な問題とは縁遠いではないか。それにひきかえ歴史的事件をどのように解釈するかということは、すなわち共産党の観点を代表する問題ではないか、と。

そんな単純な話ではない。私は二年前に中央テレビの番組(視聴者が最も多く数億人に上る)でゴールデンタイムに放送された連続テレビドラマ『走向共和』を引き合いに出して言った。袁偉時の論文は清朝末期の歴史のいくつかの事件について教科書と異なる記述と評論を行っているに過ぎないが、全四〇回のこのテレビドラマときたら、その全体が、清朝末期の歴史について、そして中国の教科書で「既に定説となっている」多くの事件や人物について、まったく新しい、明らかに正反対の描写まで行っていたのだ。放送中には、やはり相当の騒ぎとなって大いに批判され、最後には関係当局まで巻き込むことになった。当時の最高幹部は「多くの歴史学者の意見を取り入れ、それらに基づいて修正せよ」という指示を出した。結局、幾人かの歴史学者の検証を経て、このドラマは基本的には歴史事実に合致している、と判断された。妥協的に多少のシーンをカットして、ついに『走向共和』は最後まで放送された。それこそ何億人の人間がこのドラマを見たことだろう。さしたる恐ろしい政治的リスクなんてないでしょう、と。

私の論証はたしかに効果があったようで、李総編集長をかなりの程度で説き伏せることができた。李総編集長は少し考え、「この論文の最後の節を省略することはできないかね」と尋ねた。最後の節とは、三〇〇〇字余りの分量で、ちょうど袁偉時論文の要の部分であった。もちろん、最も危険度の高い部分でもある。「この部分をすべて削ってしまっては、論文の基本的スタンスが失われてしまいます。前半であれほど大量の歴史資料を提示したことも無意味になってしまいます。李さんがこの節の中で最もセンシティブだと考える段落なり字句なりを削除して、あとはそのまま残してみてはいかがですか」と私は答えた。

李而亮がなお迷っているようだったので、私は半分冗談めかして言った。「どうです、賭けませんか。私の経験からすると、この論文はどんなに悪くても中央宣伝部の検閲班に『報道批評』を書かれてひとことふたこと批判されるだけで済みますよ。そう大事にはなりません。百年も前の清朝の事を書いたって、なんの問題になりますか。党史を再評価しようというのでもあるまいし。もし何かあったら、私をクビにしたらいいですよ」

これを聞くと李而亮も笑った。

「おいおい、何かあったら私だって自己批判文を書かされるんだよ。……この節については君が削って、私がもう一度見るとしようか」

「行ったり来たりするのはやめましょうよ。私が削ってからまた李さんが頭から見直すんだったら、始めから李さんがやって下さいよ。手間が省けます」

李而亮は同意した。「よかろう、私がやろう」

私は自分のオフィスに戻った。おそらく日・中の教科書を対比した部分はきっと削除されるだろう。残念なことだ。しかしそれも仕方のないことだ。

三十分も過ぎた頃だろうか。李総編集長が自ら削除を行った校了ゲラを持ってやって来た。李総編集長はどの部分を削除したのかと私は注意深く読んだ。すると驚いたことに、もし私が総編集長ならきっと削除したであろう数段落は削除されていなかった。李総編集長が削除したのは、私ならどうでもよいと考える数カ所であった。信じがたいことに李総編集長は、副総編集長の潘平が削除していたいくつかの微妙な内容を含む段落を復活させてさえいた。論文の主張する理論を納得したのでなければ、総編集長の削除がこれほど生ぬるいはずはなかった。

驚異的に寛容なこの「検閲」結果は、オフィス内の『氷点』スタッフをも大いに驚かせた。私にとっても期待以上の喜びであった。考え得る最良の結果だと思った。これがついさっき総編集長に「銃殺刑」のようなダメ出しをされた論文だとは……。

夕方六時半、総編集長によって削除された部分はすべて組版部門で修正された。私はコンピュータの画面で「印刷に回す」のボタンをクリックし、帰宅した。

三　袁偉時論文が引き起こした様々な激しい反響「大風」は青萍の末より起こる＊

二〇〇六年一月一一日、「現代化与歴史教科書（近代化と歴史教科書）」が発表された。これは古い原稿だと袁偉時氏が述べているにもかかわらず、多くのニュースサイトに続々と転載され、大勢のネットユーザーによって多数の大手ＢＢＳにも載った。

＊訳注　「風起于青萍之末」（〔楚〕宋玉「風賦」）風の吹き始めは浮き草を揺らすような小さな動きであることを言う）

私は職業上の習慣として、『氷点』の報道や掲載論文がネット上で転載され広まった後には、ネット上でどのような評論が発表されるか注意深く観察することにしている。そうした評論から読者の意識を読み取り、読者の意見を分析することは、私が『氷点』で取り上げるテーマを考える際に大いに参考となるのだ。

袁偉時教授の論文について、私は次のように考えていた。狭隘な民族主義的感情を強烈に持っている多くの人々はこの論文を痛罵するだろう。しかし国際関係に関する理性と規範意識を持った比較的冷静な人々であれば、基本的にこの論文の観点に賛同し、著者を支持するだろう、と。ネット上の状況を見ると、私の予想は当たっていた。「新浪」のようなユーザー数最多の大型サイトにおいて為された袁偉時氏に対する罵詈雑言は私の想像をはるかに超えており、心の準備があったとはいえ、言葉の陰険さ、卑劣さには反感を覚えた。「世紀中国」のように比較的知識人ユーザーが集中しているサイトにおいては、袁偉時氏の観点を支持する発言が八〇パーセント以上を占めていた。

冰点周刊

现代化与历史教科书

袁偉時氏の「近代化と歴史教科書」が掲載された『氷点』（2006年1月11日）

論文が発表されてから数日後、私はある読者からの電話を受けた。電話の主の声は年齢を感じさせ、おそらく五六十歳だろうと思われた。あれこれと煮えきらない話が続いた後、やっとその電話の意図が分かった。要するに袁偉時氏の論文について不満なのだ。不満なのは分かりました。具体的な意見をおっしゃって下さい、と促しても、意見は述べず、ぶつぶつと「新聞がどういう人間の手に握られているかこれでわかったぞ」と言うばかりだ。これは「文革」期に用いられた典型的なフレーズだ。私は笑いをこらえきれず、こう尋ねた。「それならあなたは、私をどういう人間だとお考えなのですかね」。相手は答えを返すことなく電話を切った。

この電話によって、狭隘な民族主義的感情というものは若い世代の中にのみ存在しているわけではなく、中高年層の中にも存在しているのだ、と気付いた。実際、一九四九年以後に教育を受けた何世代かの中国人の頭の中には、すべて教科書の内容とその思考方式が詰め込まれているのであって、新しい歴史資料や歴史観を仕入れて主体的にそれらを更新しようとすることがなければ、定年退職を迎えるその時まで、依然として若いときに教育され詰め込まれただけのものしか入っていないということになるのだ。これこそが袁偉時氏が批判した「狼の乳」教育の結果なのであって、ひとことで言えば、内に対しては唯我独尊、寛容さに欠け、多様な存在を容認せず、階級闘争を鼓吹し、改良を蔑視し、暴力的革命を崇拝する、外に対してはすべてを敵対勢力と考え、「帝国主義は亡びるとも我が心は死なず」の態度、民族心理は卑屈でありながら尊大、盲目的な排外主義となって表れる。惜しむらくは、中国社会のほとんどの人が学校を出た後は生活に忙しく、自ら歴史観を更新するなどという可能性はまずないのである。教育というものが人の一生に与える影響の大きさが知れよう。

ネット上に様々な激しい反応があったのを見て、この問題は一本の論文で解決することはできない、長期的に様々な意見をぶつけ合う討論を繰り広げ、そうした意見のやり取りの中から、ゆっくりと読者に新しい認識を持ってもらう必要がある、と感じた。

そこで私は手間を厭わず、史料的な根拠があり、学術的な見解を持った発言を反対意見の中から探し出し、袁偉時論文の「反対意見」として発表しようと考えた。いったいどれ程の数の書き込みを見たか覚えていないが、ようやく学術的な討論の態度を持った文章を見つけた。「子喬」と署名されていた。この文章はきちんと史料を引用し、議論の態度も穏やかで、慎重に言葉を選んでおり、質が高く、公に発表してもよいレベルにあると思われた。そこで直ちにダウンロードし、袁偉時教授にメールで送り読んでもらった。同時にこの筆者の姓名・住所・所属などを調べ、発表のために連絡を取ろうとした。

袁偉時教授は「子喬」の文章を読んでから私に送った返信で、その文章の学問的態度を高く評価していた。また、細かく検討した後に「子喬」に応える論文を書く可能性があると示唆していた。

この時までは全てがうまく運んでいた。私は、さらに何人かの若手歴史学者に依頼してこの問題に関して発言してもらうべきかどうか考え始め、ネットを検索して雷頤・楊念群・茅海建などわりに名の知れた若手歴史学者の意見を調べた。すると彼らはそれぞれ独立した見解を持っており、適切な人選だと思われた。私は二〇〇六年を『氷点』の「歴史教科書年」と位置づけ、読みごたえのある論文を掲載し、中国の歴史教科書の改善に向けて推進力を発揮させようと計画した。

もちろん私も政治的リスクについては用心していた。一月一二日木曜日、昼休みの食堂で李而亮に出くわしたので、「上部ではなにか動きがありますかね」と尋ねた。「今のところはまだないね」と笑いながらの答えが返ってきた。政治的な危険はうまくすり抜けただろう、と私は思った。もし上部の不満が激しいものであったら、電話による批判がとっくに来ているはずだったからだ。

一月一三日金曜日夜七時、『氷点週刊』の全編集者と全記者が、台湾作家の龍応台を招いて宴席を設けていた。私たちは「マジアミ」という名のエスニック風情に溢れたチベット料理店を選んであった。その店の内装は壮麗なもので、装飾品はすべてチベットから運んで来たものだ。また野趣に富んだチベット舞踊や歌のショーがあった。私たちは龍応台に「消すことのできない深い印象」を残したいと思っていた。こうしたものは台湾ではけっして見ることができないはずだったから。

龍応台女史が今回北京にやって来たのは重要な手続きのためだ。それは我々への「返済」であった。彼女はある賭けをし、負けていたのだ。その代償が私たちに大御馳走を振る舞うということであった。

二〇〇五年の四月から五月にかけて、台湾国民党の連戦主席と親民党の宋楚瑜主席が続けざまに大陸を訪問し、大陸の民衆の間には「台湾ブーム」が起こった。二人の主席がテレビの生放送で何の原稿も用意せずに行った講演は、なおさら大陸の人民の耳目を一新させることとなった。大陸当局がこのとき台湾の二つの政党の主席に対して相当の「言論の自由」を与えたことは認めてよく、北京のタクシーの「運ちゃん」までが彼らの演説は良かった、と称賛したものだ。これは大陸の人民に対して客観的に歪みなく台湾を報道し、台湾を解読してみせるための絶好の機会であることは間違いなかった。『氷点』はこの機会を逃さなかった。

可能性のある執筆者のリストを作成して何度も比較検討し、『氷点』の編集責任者たちは「誰が書くか」という問題について共通の認識に達した。それは台湾の著名作家龍応台をおいて他にはない、と。彼女は台湾で出した『野火集』で一世を風靡し、その筆致は細やかでありながら勇ましいものであった。かつて台北市の文化局長を務めたこともあり、台湾について深い知識を有していることはもちろん、長年にわたって継続的に大陸を訪問し、いくつかのメディアにコラムを持ち、大陸の状況とメディアにおける政治的ボーダーラインについてもよく理解している人物だった。二〇〇五年の初め、彼女が北京に来て中国青年報の招きで講演を行ったとき、講演後に『氷点』編集室を訪ねて我々と座談の機会を持ったことがあった。面識はあるわけである。

龍応台への原稿依頼は盧躍剛が受け持つことになったが、最初はうまくいかなかった。龍応台はそのような文章を大陸で発表できるわけがない、と大いに懸念し、まるで信じられない様子だった。その間にはおもしろいやり取りがあった。『氷点』の許容限度を試すために、まず彼女が一本の小文を送ってきたのだ。連戦が陝西省の母校を訪問した際、小学生たちが命じられたとおりに「連おじいさん、お帰りなさい……」という奇妙で媚びを含んだ「詩」を朗誦したことがあったが、それについて台湾のメディアが大いに嘲笑した経緯についての論評だった。「この文章は発表できますか」と彼女は尋ねてきたので、それは当然できない相談だと私たちも認めた。「これっぽっちの文章でもダメだというなら、いったい私に何が書けるというのですか」、たしかにそれは私たちにとって答えにくい問いであった。

しかし盧躍剛も根気よく粘り続け、私たちの考えを仔細に述べたメールを出し、「発表できるかどうかは私たちの考えること、書くか書かないかはあなたの責任感の問題です」と書いた。龍応台もついに折れ、大いに疑念を抱いてはいたが、五月二三日の夜に徹夜で力作を書き上げてくれた。それが論文「你不能不知道的台湾（あなたが知らなければならない台湾）」である。彼女は会社の原稿締め切り期日が何を意味しているのかをよく分かっており、プロの仕事をしてくれた。

五月二四日は『氷点』の入稿日であった。昼の一時半になって、やっと最終原稿が届いた。『氷点』の編集責任者三名は掲載できるかどうかを判断するために、同時にその論文を読んだ。大陸メディアの政治的安全ラインを考えると、前半の二節はまあ容認することができるが、後半部分は大いに安全ラインを「越境」していた。私たちは考えた。機械的に削除しては何の意味もない。削除してしまっては龍応台の論文ではなくなる。この論文の運命はいまや二つに一つ、全文を掲載するか、即刻「銃殺刑」に処すかどちらかだ。

私は、まずは入稿してゲラ刷りを出し、その上で総編集長と話をつけることにした。盧躍剛がその旨を龍応台に伝えると、彼女は依然として『氷点』が掲載できるとは信じていなかった。また、同じ論文を台湾の『中国時報』にも送稿した、ということだった。その時点ではなんの確信もなかったのだが、私たちは彼女と賭けをした。もし掲載できなかったら私たちが御馳走を振る舞いましょう、もし掲載できたらあなたに御馳走をふるまっていただきましょう、と。龍応台は大いに笑ってすぐさま同意したのだった。

最終的な結果としては、二名の総編集長による検討を経て、わずかに二百字程度を削除し、ほぼ全文を掲載することになった。その理由は「基本的に連・宋両主席が大陸の公開講演で行った言論の範疇を越えていない」というもので、まさしく私たちが主張の根拠として準備していた論拠と同じであった。題名は若干軟化させ「你可能不知道的台湾(あなたが知らないであろう台湾)」となった。五月二五日、この論文は海峡両岸で同時に発表された。『中国時報』は編集者による解説の中で、これは龍応台が北京の中国青年報の依頼に応じて書いた論文であり、本紙はそれを「転載」すると述べていた。『中国時報』は同業者として他人の宝を横取りすることなく、きわめて紳士的な職業規範を体現したのであった。

当日の朝、中国青年報の駐米記者翁翔はワシントンでネットを閲覧していて台湾の『中国時報』サイトでこの論文を見つけ、それが『氷点』の「転載」であると書かれているのを見て信じられず、早速『氷点』のサイトにアクセスしてそれが事実であると知ったという。翁記者は非常に感動し、即座に社内ネットで次のような公開の書き込みをした。「私たちの『氷点』が龍応台の論文を掲載できたことを誇りに思う。私は中国青年報の記者として誇りに思う」と。

この論文が海峡両岸で引き起こした激しい反響と論争は、今になってもまだ収束していないが、ここでは詳細は省く。しかしこの力作の論文が中国の報道史上特筆されるべき意義を持っていることについては、疑いを容れる余地はないだろう。その後、私は龍応台に対し、『氷点』のために毎月一本の文章を書いてくれるよう依頼した。一年か二年続けたら、最後にそれらをまとめて大陸版『野火集』を出そう、と提案したのだ。

期日が来れば急いで原稿を催促し、悲鳴が上がり、全力で執筆し、原稿が上がり、翌日発表される。こんなふうにして私たちの協力作業は気持ちよく進んでいた。『氷点』は三ヶ月の間に龍応台の「文化とはなにか」上下篇・「ある主席の三度の拝礼」を続けざまに掲載し、いずれも意義のある反響を得ていた。彼女の、繊細かつ犀利でありながら気っ風のよい論文は、さながら『氷点』の「看板メニュー」となり、『氷点』の読者アンケートでも、「最も印象深い報道」として名前を挙げられる筆頭であった。

龍応台はまったく驚いてしまった。大陸メディアとのやり取りの経験がまるですべて「時代遅れ」になったかのようだった。大陸のどんなメディアでも掲載できないような文章を、なんだって中国青年報のような中央クラスの大新聞がなんの障害もなく掲載できるのか分からない、と。「ある主席の三度の拝礼」に到っては、大陸の業界人なら誰であれ、これが政治的に極度に敏感な文章であると分かるような文章であった。しかし総編集長はゲラ刷りに一字も手を加えず、なんと「くそったれ党」（訳注：原文は「他媽的党」）というような刺激的な字句すら削除しなかった。私がこの驚くべき「検閲」の結果を龍応台にメールで知らせると、彼女はすぐに電話を掛けてよこした。「大同、これは一体どういうことなの。さっぱり分からないわ。教えてちょうだい、許容限度がどこなのか、分からなくなったわ」と。私は破顔大笑した。

今回の龍応台の北京訪問は、ちょうど袁偉時論文が掲載されたばかりの時期だった。二日ほど前、什刹海のほとりの客家料理の店で、私たちは知識人の友人十数名を招き、龍応台が賭けに負けた「おごり」の御馳走をいただいていた。だからこの日は、『氷点』が答礼として彼女を招待し、『氷点』への協力を感謝する席としていた。龍応台はツァンパ（訳注　チベットの主食。大麦を炒って粉にしたもの）が気に入り、客家料理よりも美味しいと喜んでいた。

ちょうど宴もたけなわとなっていたとき、私の携帯電話が鳴った。発信人の番号を見て、それが総編集長の李而亮からだと分かると、私は何かよくないことが起こったのだろうと感じた。

李而亮は電話口でこう言った。「大同、来たぞ」。何が「来た」のかは、聞かなくても分かっていた。

「検閲班ですか」と問い返した。

李而亮は違うと言った。検閲班ではなく、中央宣伝部報道局宣伝処の『月報』だという。私は、なんと書かれているのか、と聞いた。李而亮によると、袁論文の主要な観点を一部列挙し、それが「青少年を誤った方向に導く」などと書かれており、まず取り急ぎ私に連絡を入れた、と言う。

電話を置くと、その場にいた面々はみな「狼が来た」のだということを理解していた。私は簡単に説明し、どうということはない、大陸メディアにはよくあることさ、と言った。その晩はみな大いに飲み食いし、心ゆくまで楽しんでから解散した。

四　総編集長は言った。『報道批評』は示唆によって書かれたのだ、と

二〇〇六年一月一七日午後、中国青年報週刊紙センターの謝湘主任が、私に悪いニュースを知らせてきた。それによると、まえの土曜日に彼女が李而亮総編集長とともに教育部のあるレセプションに参加し、レセプションの終了後、教育部の周済部長と同じテーブルで食事をしたところ、周済部長は、教科書編集に携わる権威ある専門家が、すでに何人も連名で中央幹部に手紙を出し、袁偉時の論文を告発している、と言ったそうだ。さらに周済部長は李而亮に対して、中国青年報がこのような論文を発表してよいと思っているのかね、と不満を表明したという。

私は、事情が複雑化しそうであることを感じた。中国大陸において、こうした「告発状」に対してもしも中央幹部が何らかの指示を出せば、お手上げだ。私たちは今すぐ有効に抗弁する準備に取りかからねばならなかった。

その晩、私は袁偉時教授にメールを出してこの事情を告げたが、こういったいわゆる専門家は、「切り捨て御免の剣」を手に入れて、それから、難癖をつけたがるものだ。私たちは政治的な面と学術的な面との双方から反撃の準備をしよう、と言った。袁偉時教授は返信で「もしもあのような理性的な声ですら当局に見とがめられてしまうようであれば、それは中国の報道史上にまた一つ恥辱が加わるということです。私は一貫して平和的に理を説く態度を堅持しており、たゆまず読書をし、執筆を続けるでしょう。窓の外の風雲は笑って放っておきましょう」と書いてこられた。

一月二〇日の昼、私は社の食堂で李而亮を見かけたので、何か新しい動静があるかと尋ねた。李而亮は厳しい顔つきで、すでに二人の政治局委員が批評を出した、と言った。その二人とは誰か、中央宣伝部部長の劉雲山が入っているか、と私は尋ねた。李而亮は、いや違う、と答えた。私がさらに問うと、李而亮は「答えられない」と言った。

この知らせは私を困惑させた。中央政治局の最上級幹部の機構の中では明確な分業があり、幹部はふつう自己の管掌する範囲内でのみ指示を下すことができる。そうでなければ「越権」して同級の同僚の権力範囲を干渉してしまうことになり、これは官界ではタブーとなる行為である。常識的に考えて、中国青年報に対して批評を出せる中央政治局委員は二人しかいないはずだった。一人は労働組合と婦人連合会・共産主義青年団を管掌する王兆国、もう一人が劉雲山で、かれは中央宣伝部の部長であるから、当然メディアに対して批評を出す権利がある。劉雲山でなければ、いったい誰が……。私は政治局委員の顔ぶれを頭の中で一人ずつ思い浮かべ、やはり王・劉の両者に権限があり、また批評を出す可能性が高く、その他の政治局委員ではみな不可能だと思った。(のちに、李而亮がこの日私に真実を話していなかったことが分かった)

一月二三日、月曜日。この日の午前は社の毎週定例の会議であった。会議の席上、通常は前週の新聞の良し悪しをまとめ、中央宣伝部から各メディアへの指示と批評が伝えられる。この日の会議では、陳小川副総編集長が司会を務め、李而亮は出席していなかった。会議が終わってから、陳小川が私を呼んで彼のオフィスでしばらく話をしていた。たいして話もしないうちに、李而亮がドアを開けて入ってきて「中央宣伝部の『報道批評』が届いた。袁偉時を批判している」と言った。私がいるのを見て、「大同、君は後で見に来たまえ」と言った。しばらくして、私が李而亮のオフィスに入ると、彼は受け取ったばかりの中央宣伝部の『報道批評』を私に手渡した。私はつぶさに読み始めた。

今回の『報道批評』は尋常ならざるものだった。

二〇〇五年八月、中国青年報は総編集長李而亮が取り仕切る中、会社編集記者の業績に対する考課規定を制定した。規定では賞罰基準を、当該報道が上級指導機関から評価あるいは批判を受けたか否かに設定しており、前例の無いものだった。つまり、ある報道に対し評価する官吏の等級が高ければ高いほど、その報道に関った編集者や記者のボーナスが増え、反対に批判を表明した官吏の等級が高ければ高いほど、その報道に関った編集者や記者に対して経済的処罰が重くなる。極端な話、当月の給料がマイナスになる可能性だってあるわけである。もしこの新規定が実施されれば、中国青年報が多年にわたって読者の間に築き上げてきた名声が地に落ちることは些かの疑いも無いことであった。本紙は完全に党・政府官僚の意志に従順な「御用新聞」になり下がってしまうだろう。

このため新規定が社内ネットワーク上に発表されると、編集記者たちはすぐさまあれこれと議論を始めた。

八月一五日、私は『氷点週刊』編集記者全員との議論と委任手続きを経た上で、一万字余りの「中国青年報考課規定に関する李而亮総編集長と当期編集委員会宛」公開書簡を書き、社内ネットワーク上に発表した。書簡の中では、条文毎にこの規定の馬鹿げた部分に批判を加え、即座に廃止し、新たに規定を設けることを要求した。この書簡は即日何者かによって社外のネット上に発表され、即座に国内外のメディア関係者が非常に関心を寄せる注目記事となった。この書簡の中で私は公に中央宣伝部検閲班の様々な行いを批判し、彼らの行った事を「党内政治生活における腐敗の新たな品種」と糾弾した。

意外なことに、言葉使いが厳しく痛烈なこの書簡は、予想していた「報復攻撃」を少しも受けず、考課規定がすぐご破算になって新しくなったばかりでなく、もともと『氷点週刊』に対し頻繁に出されていた『報道批評』もこれ以来無くなり、再び見かけることは殆んど無くなった。私たちはどうしてこのような効果が現れたのかを分析した。そして中央宣伝部検閲班は人々の支持を得ないこうした『報道批評』が公開書簡という方式によって大衆に公開されるのをタブー視したのだ、と結論付けた。その後、上層部の『氷点』の報道に対する不満は、総編集長の李而亮から全て口頭で私に伝えられた。私が文書を見せるように要求したところ、彼は「彼らはやり方を変えたんだ、文書は無い」と常に言い訳をした。

こうした背景のもと、突然、言葉遣いがこれ以上野蛮で横暴なものはないというような『報道批評』が出されたことを私は黙って見過ごすことが出来なかった。

『報道批評』の全文は以下のとおりである。

報道批評　第三四期

中央宣伝部新聞局　二〇〇六年一月二〇日

帝国主義列強による中国侵略行為の事実を力ずくで覆す。

中国青年報が歴史教科書批判文を公然と掲載。

中国青年報『氷点週刊』一月十一日号は中山大学教授袁偉時が書いた「近代化と歴史教科書」と題する文章を掲載した。その中ではわが国の中学・高校歴史教科書にある英仏連合軍の円明園焼討事件と義和団事件に関する叙述を「狼の乳」であるとし、反右派闘争・大躍進・文化大革命といった三大災難の根源のひとつは「我々が狼の乳を飲んで育った」ことにあり、現在、わが国の歴史教科書は「わが国の青少年が未だに狼の乳を飲み続けている」ことを示している、と記している。文中では円明園焼討と義和団事件の二つの事件を引き合いに出して批判し、中国人民の百年余りの反侵略闘争を否定し、その矛先を中国共産党と社会主義制度に向けている。

一、円明園焼討事件について

袁偉時は、教科書では一八五六年三月フランスのカトリック司祭マーレイが広西西林地区に潜入し悪行をはたらき、現地の官吏によって処罰されたことが戦争の原因であると述べられている。後にフランスがこれを口実に、英国と手を結んで侵略戦争を仕掛けてきた。マーレイは一八四二年に西林で布教を始めたが、一八四四年に中仏両国が「黄埔条約」締結した後もなお当地を離れなかったのは条約に反する間違った行為であり、西林の地方官吏が彼を死刑に処したのも条約の義務条項に背くものであった。プロセスにおいて正義を優先する法学の観点からすると、中国側が道理にかなっていないことは疑いようがない、と述べている。袁偉時の言い分に従えば、清国政府が条約違反をしなければ、西側列強は侵略戦争を引き起こさなかったということになるが、然るに、実際は先に条約に背いたのは西側列強自身である。袁偉時は文中にて、教科書は戦争が起きた二つの根本的原因、即ち、一つは英国政府が清国政府に忠実に「江寧条約」の条項を履行し、英国政府関係者と商人を自由に広州市内に立ち入り出来るように要求したこと、二つ目は「望厦条約」と「黄埔条約」で十二年後に通商条約を改訂することが出来ると規定されたことには一言も触れていないとしている。この「通常の外交案件に属するものも清国政府が何度も先送りしたため双方の矛盾を深めてしまった」。教科書は次のように書いている。「一八五九年に英仏公使が各々一艦隊を率いて北京に入城し条約改訂をしようとした時、清国政府は彼らに天津経由で北京に入るよう指示し、更に軍艦と兵員は上陸しないよう求めた。しかし彼らは横暴であり理不尽にも艦隊を率いて大沽口に侵入した為、守備兵の砲撃を受けた」。これに対し袁偉時の文中では「結果から見ると、その攻撃は明らかに間違っていた。翌年、英仏連合軍は再び侵入し、北京が占領され、円明園が焼討された。当時の清国政府と地方の有力者は完全に極端な情緒に支配され、小さなことで条約に背くという馬鹿げたことをやらかし、その結果、大きな災いを引き起こした」と述べている。実際のところは、列強の植民地拡大政策はその侵略的本質そのものによって決定されたものであり、清国政府は何度も耐え忍んで譲歩したが、結局は選択の余地が無い所に追い込まれ、抵抗せざるを得なくなったのである。彼の文章の記述は歴史の事実に完全に反している。

二、義和団事件について

袁偉時は文中において「教科書では義和団が近代文明を敵視し、盲目的に外国人と外来文化を排斥した極端に愚かで無知な行為については一言も触れていない」と述べている。義和団が天津から北京までの鉄道を破壊し、電線を断ち切ったことについても、文章の中で「彼らがこれらの設備を破壊したのも完全に外来のものを敵視していたことから来たものであり、侵略者に抵抗するために止むに止まれず採った緊急の行動ではなかった。これは前々から公共財産を破壊しようと意図されていた犯罪行為である。」「義和団が焼討、殺傷、略奪を行い、近代文明を敵視し、欲しい儘に破壊したことが先で、八カ国連合軍が侵入してきたのが後である」「教科書は、清国政府の高級官吏と義和団が無辜の人々を殺戮し、焼討・殺傷・略奪といった野蛮且つ残忍な犯罪行為を非難していない」と述べている。また沿海地区版教科書の「六月中旬以降、義和団の群衆は侵略者が立てこもる西什庫聖堂と外国大使館地区を取り囲み」という一節を引用した後、義和団事件の期間中「義和団に襲われた後の西什庫聖堂と東交民巷の大使館地区には逃れてきた外国人と中国人信徒が集まっていた。この聖堂に命からがら逃れてきた人たちが、清国政府が正常な社会秩序を維持し得ない状況下で、義和団の殺戮を強く望んだことは、理性的にも法的にも責められるべきではない。この聖堂を『侵略者の拠点』と呼ぶのは全くの出まかせである」と述べている。袁偉時の文章の意図は明らかで、帝国主義の中国侵略戦争は義和団によって引き起こされたものであると言いたいのだ。しかしながら、事実は帝国主義列強の抑圧と搾取・焼討・殺傷・略奪が先であり、義和団の抵抗が後である。これは決して捻じ曲げることの出来ない歴史の事実である。彼の文章は八カ国連合軍という侵略者側が使った言葉を借用し、中国人はヨーロッパの人々を敵視していると述べ、完全に帝国主義侵略者の立場に同調している。レーニンは中国人民の立場に立ち、義和団事件に対しては史実に即した肯定的な評価を下しており、西側列強の反論とは全く正反対の立場をとっている。当然義和団には、盲目的に外国人・文化を排斥し、迷信を信じるなどのたち遅れた部分があったが、義和団の歴史的功績を消し去ることは決して許されないのだ。

彼は文章の中で「発展途上の国家と地域（植民地・半植民地）が未発展の状況を変えることができる唯一の道は西側列強に学び、社会生活の全面的近代化を実現することだ。」と述べている。この見方は当時の蒋廷黼の見方と見事に一致する。蒋は抗日戦争が勃発した時に中国人が近代化を成し遂げるように望んでおり、この観点は我が中国共産党とは完全に正反対なのである。半封建半植民地であった中国はまず民族の独立と人民の解放を求めなければならず、そうして初めて国家の繁栄と富強の実現というもう一つの偉大な任務に就けるのである。この二つは密接に関りあっており、前者なくして後者の実現はできないのである。

彼の文章では日本の右翼勢力が編纂した歴史教科書とわが国の教科書とを一緒にして、「我々の近代史観には似た問題がある」「社会の主流をなす文化は皆、自分の近代史に対し深刻な反省が欠けている」と述べている。これは直接我が中国共産党が提唱し昂揚している愛国主義精神を攻撃するものであり、わが党が提唱し、指導している社会の主流となる文化を悪意をもって貶めているものであって、中国の歴史教科書と日本の歴史教科書を事実上一緒くたにして論じるなどは、ことの是非を極端に取り違えている。

報道批評員としては、マルクス・レーニン・毛沢東が帝国主義の血生臭い中国侵略行為に対し早くから強力な反駁を加えており、歴史自身が元々こうした重大な問題に対してだいぶ以前に結論を出しているにもかかわらず、この文章の作者があろうことかその事実をかくの如く覆そうとしていることは、全くもって理解しがたいと考える。ある時期から、中国青年報の『氷点』という専門紙は、わが国の主流的な認識と相反する文章をたえず掲載して、党の思想陣営に一度ならず重大な誤った観点を撒き散らし、人民による厳しい批判に対しては聞く耳を全く持っていない。彼らは、我々の若い読者たちを一体どこへ導こうとしているのか。

（報道検閲班）

配布先　共産主義青年団中央第一書記周強・常務書記楊岳・中国青年報編集長李而亮
報告先　中央宣伝思想工作指導グループメンバー・本部リーダー

第八一三六号　編集責任者　何黄彪

今回の『報道批評』の全文に通じる、道理を弁えず、人に罪を着せて打撃を加えるといったやり口は彼らの一貫したやり方であって、驚くに当たらない。最も私を用心させたのは最後の部分であった。実際のところ、『氷点週刊』の編集方針全体を否定しているのであるが、最もおかしなことは自分が批判しているのに「人民」が批判していると無理やり置き換えていることである。しかし私は知っていた。以前から検閲班はややもするとメディアを「編集方針に重大な過ちがある」と非難していた為、かつて中央のメディア関係責任者の強烈な不満を買い、メディアの責任者たちが中央宣伝部に対して意見を申し出たことがある。この為、中央宣伝部の某部長は検閲班に、単発の報道や文章を批判しても良いが、新聞全体の「編集方針」に問題があるとは言ってはならない、と明確な指示を与えていた。然るに、今回の『氷点』に対する批評はいつもとは異なり、こうした指示に基づいたものではなかった。

私は李而亮に「これは検閲班の独自の行動か、それともお上のご意向を受けてしたことのどちらだと思うか」と聞いた。

李而亮は少しも迷わずに「もちろんお上のご意向を受けてさ」と答えた。

この判断は私の判断と一致していた。

『氷点週刊』の編集主幹として、私はこの手の「異常事態」に対しこれ以上軽視出来なくなった。私は中央宣伝部が袁偉時の文章を批判したもう一つの「月報」を再度見せてくれるよう頼んだ。李而亮は迷った挙句、それを出してきて私に見せた。

この「月報」は一月一三日に刊行されたもので、語気は『報道批評』よりは柔らかく、「青少年を誤った方向に導く」以外はその他の重大な政治的レッテルを貼ることも無かったが、何人もの官僚の指示が記されていた。中でもひときわ注目を集めたのが、中央宣伝部のニュース部門を取り仕切る副部長李東生の指摘「氷点は痛いほど凍り付いている」であった。

この指示は中央宣伝部高級官僚のずるがしこい策略を凝縮して反映していた。もし更に上位職の高級官僚が『氷点』に対し不満であれば、彼は直接の管理担当者として「私はとっくに明確な指示を出していました」ということが出来るし、もし彼の上司が別の見方をすれば、指示の解釈を「まだ十分な余地がある」としたり、極端な場合には「一切何も言わない」とすることも出来るのだ。実にもって「進みては攻め、退きては守る」である。

この「月報」紙上には共産主義青年団中央指導部第一書記周強・常務書記楊岳（新聞社管理担当）の指示があった。基本的には各レベルから上意下達で指示が下り、個人の意見などはない。彼らも馬鹿ではない、誰も直接責任などは取りたくないのだ。

当然、最もキーポイントとなるのは、やはり李而亮がかつて私に話したことのある二人の政治局員が一体どのような指示を下すかだった。私は李而亮に再度この二人が誰なのか問い詰めた。李而亮はついに口を割った。

「王兆国と劉雲山だ。」これは私の予想と符合していた。

「彼らは具体的にどんな指示をしたのか」私は追及の手を緩めなかった。

「私は聞いていない」と彼は言った。

私はこの話が嘘か真かは知らない。もし本当なら状況はかなり深刻である。私の政治経験から言えば、これは総編集長李而亮の検査能力をお上が既に信用しなくなり、核心となる情報は二度と彼には知らされないことを意味する。

山雨来たらんと欲し、風楼に満つ、か。

しかし如何なる圧力がかかろうとも、『氷点週刊』はいつも通り発行しなければならない。読者が待っているのだ。明日は枠組みを決める日なのに、私の原稿はまだ編集を終えていない。午後いっぱい私はあらゆる不吉な兆候を全て頭の中から放り出し、画家陳丹青の著作の編集に専念した。その内容は北京に出展されたばかりのイタリアルネッサンス芸術品展覧会の評論で、微妙な言葉遣いの中に深い意味を宿している、文化的視野の広い、素晴らしい文章であった。

我々は誰一人として、少数の高級官僚が『氷点』の息の根を止める準備を既に終了し、明日にもその手が下されようとは予想していなかった。

五　台風の目の静けさ

二〇〇六年一月二四日火曜日、明日出版される『氷点週刊』は中国の伝統的休日「春節」前の最後の号である。一月二八日は旧暦の大晦日で、田舎に帰省し家族親戚と団欒を過ごす人々はこの時には既に出発し、帰心矢の如しであった。『氷点週刊』の副編集主幹盧躍剛と二、三人の記者は既に北京を離れていた。もう一人の副編集主幹も明日には内蒙古へ帰省する。たまらないほどの混雑ぶりを呈する「春節ラッシュ」はとっくに始まり、北京の大小の商店では様々な歳末セールがまさに盛大に行われていた。

当局があの手この手で『氷点』を痛めつけようとするにせよ、彼らだって春節が過ぎてから仕掛けてくるだろう。さもなければ人情の常に逆らおうというものではないか。四つの校了ゲラを出し終わるまで私はかなり気楽でいた。春節後の二、三号の原稿も大体仕上がっていたので、私はもうビクビクすることもなく、完全にリラックスして七日の長期休暇に入れるはずだった。

午後四時過ぎ、最終ゲラを『氷点』担当の副総編集長潘平のところへ送って、チェックしてもらった後印刷に回そうとした。紙面構成担当編集者胡建が戻ってきて、潘平は不在で、総編集室の秘書が言うには、会社の何人かの幹部が午後二時に共産主義青年団中央指導部に呼ばれて会議に行ったままだ帰社していない、と教えてくれた。

これは少々まともではないように思われた。更に訊ねてみると、なんと社長・総編集長・何名かの副総編集長が呼ばれて出掛けていたのだ。以前中央指導部がこのような行動に出たことがあった。それは、突然在任中の総編集長李学謙を免職・配置転換し、新総編集長に李而亮を任命することを発表したのだ。中央指導部で、副総編集長と会社の青年団員一人一人がその場で自分の態度を表明しなければならなかった。

これは『氷点』にとどめを刺しにきたのか。こんなに「盛大」にしなくても良いのに。せいぜい、私の編集主幹という職務を解き、イエスマンと交代させるのではないか。会社の党組織の書類一通で済むことではないかと考えた。

お上の行動ロジックと意地の悪い手段に対して、私はこの時までまだ「小人の心で以って君子の腹を測る」状態にあり、的確な判断を下せないでいた。

午後六時近くになって、私のオフィスの外で一人の『氷点』の記者が叫んだ。『氷点』が出版差し止めになった」

何だと、冗談じゃない。誰がこんなジョークを信じるものか。今は「文化大革命」の時代じゃないんだ。中国青年報はかつて一九六六年、文化大革命の開始後に出版差し止めとなり、一九七八年にやっと復刊し、その間一二年にわたって出版を中断されていた。

その記者はマイクロソフト社のＭＳＮ上において、中国のポータルサイト「網易」の編集主幹を務めている友人と交信していて、その友人の最初の言葉が『氷点』が停刊になった、お前らどうするんだ」という問いかけだった。

「何？」

「何を馬鹿なことを言うんだ、停刊なんてあり得ない」

「我々は北京報道弁公室の、『氷点』停刊のニュースを表に出すことを禁じる通知を受け取った」

この知らせは私の心をドキリとさせた。本当だろうか。中央宣伝部がこのように愚かで非理性的な方法を採るとは。彼らが、『氷点』の多大な影響力がマスメディア全体に及ぼすワールドワイドな大きな波風を知らないとでも言うのか。胡錦涛総書記と共産党の国際的イメージに重大なダメージを及ぼすことも彼らは分からないのであろうか。こんな最低限の政治的得失すら分からぬ程に彼らは官僚ズレしてしまったのか。実に不可解だ。このような馬鹿げた行動に出るとは本当に信じ難かった。

しかし、その後すぐに中央テレビの、あるプロデューサーから電話が掛かってきて、このニュースの信憑性を明らかにしてくれた。テレビ局は既に午前十時過ぎに各セクションの主任クラスに『氷点』停刊のニュースに対して距離を置くこと」を伝えたそうだ。

まもなく、もう一人のネットメディアの友人が知らせを送ってくれた。彼らが受け取った指示は次のようなものであった。「中国青年報『氷点週刊』の停刊粛清については一切報道してはならない。ネットフォーラムで討論してはならない。これに類似する文章を見つければ直ちに削除する。この指令は即座に実施する」

また他の友人は中央宣伝部が出した次のような命令を転送してくれた。「中国青年報『氷点週刊』が停刊粛清されたことについて、如何なるメディアでも報道や評論をしてはならない。氷点の記者・編集者が主催する如何なる記者会見にも参加してはならない。ネット上でいかなる形式でも議論してはならない」等等。

各方面から情報や通報が続けざまにやって来る最中、龍応台が台湾から電話を掛けて来て、口を開くなり、「大同さん、本当ですか。速かったじゃないですか」とすぐに問い掛けてきた。私は、大体はもう既に決まったと言えるが、詳細は、私に対して正式な通知があるまでは分からないと話した。「私は、記事にしたい」と彼女は電話の中で非常にはっきりとした調子で言った。

私を驚かせたのは、わずか数分の短い間に、北京に駐在する二、三社の外国メディアの記者が電話を掛けてきて、『氷点』が停刊にされたニュースの確証を求めてきたことだった。私は正式な通知はまだ受け取っていない、としか答えられなかった。

ああ、この世界で人間でありさえすればこの事実を皆知っていたのに、『氷点』の編集主幹の私だけが未だ真相を知らされていなかったのだ。

面白いことに、その場にいた全ての『氷点』の記者のＭＳＮメッセンジャー上の表示名が瞬く間に、期せずして皆一様に「氷点停刊」に変わった。画面上にずらっと同様の文字が並び、かなり壮観な様相を呈した。これはメディア関連の友人達が様々な方法で出来る限り速くこのニュースを伝えようとしているからだ。

既に七時を回っていた。会社の幹部達は共産主義青年団中央指導部から帰って来るなり緊急会議を開いている。この処分の決定をいかに私に伝えるか、という事や、私をおとなしくさせるための策でも話し合っているのであろう。

ああ、『氷点』運命の日はついにやってきたのだ。憲法と法律を公然と踏みにじるような手口を用いてだ。この官僚らにとっては法律も世論も民意もお構いなしなのだ。あまりにもあくどい。卑怯すぎる。

私は実名ブログにアクセスし、『氷点』の読者へのお別れメッセージを書き始めた。

読者の皆様

只今、サイトやメディアの友人から入った情報によりますと、『氷点』は直ちに出版を停止させられることになりました。

私は仲間たちと明日発行される予定の『氷点』の校正刷りのチェックを済ませたところですが、どうもお蔵入りにされそうです。台風の目に入るとかえって穏やかになるように、私は静かに正式な知らせを待っています。

さようなら。『氷点』は一一年間懸命に生き抜いてきましたが、ついに終焉の日を迎えます。ご支持くださった同僚と読者のみなさん、ありがとうございました。

李大同　二〇〇六．一．二四

このお別れメッセージがネットで爆発的に回覧されたことを後で知った。

夜七時三〇分、ようやく、五階会議室へ来るように、と連絡があった。

殺風景な会議室の中央に大きな楕円形の会議用テーブルが置かれ、向かいの中央にたった二人だけが座っている。党のグループ書記である王宏猷中国青年報社社長、それに李而亮総編集長である。私は一人で彼らと向かいあって腰をおろした。二人とも表情が硬くて気まずそうであった。

私は微笑みながら言った。「『氷点』の停刊処分を宣告するのですね」

「もう知っていましたか」二人とも驚いた。

「個人レベルでは誰でも知っていますよ。既に海外メディアから電話インタビューが来ていますからね」

沈黙。情報伝達の速さは彼らの予想をはるかに超えていたのだ。

「まず読んで聞かせてください」私は自ら沈黙を破った。

王社長は停刊決定を読み上げた。全文は以下のようなものであった。

中国青年報の『氷点週刊』が「近代化と歴史教科書」を掲載した過失に対する処分決定

二〇〇六年一月一一日、中国青年報の『氷点週刊』に掲載された中山大学歴史学部教授袁偉時氏の「近代化と歴史教科書」という文章は、帝国主義列強が中国を侵略した罪を覆そうと手を尽くし、歴史事実に反し、報道宣伝規律に反するという重大な違反を犯した。中国人民の感情と中国青年報のイメージを著しく傷つけ、社会に対して極めて悪い影響を与えた。それにより、中央関係省庁から厳しい叱責を受けることとなった。

中国青年報が「近代化と歴史教科書」を掲載するという重大な過失を犯したことに対し、以下のような処分を決定した。

一、中国青年報の党組織副書記、総編集長李而亮および『氷点週刊』編集主幹李大同を通達をもって批判する。

二、中国青年報に、『氷点週刊』に対し停刊および綱紀粛正を行い、さらに、関係責任者には相応の経済処罰を科すよう指示する。、『氷点週刊』の停刊・処分は二〇〇六年一月二五日をもって行うものとする。

中国青年報社がこの一件から深く教訓を汲み取り、『氷点週刊』の停刊・粛清を着実に行い、今後『氷点週刊』への指導を一層正し、政治意識・大局意識と責任意識をより高め、報道宣伝規律と正しい輿論の進路をしっかり守ることを望む。『氷点週刊』の停刊・粛清を厳粛に行い、過ちを徹底的に改めた暁には、

『氷点週刊』の復刊を期待する。

共産主義青年団中央宣伝部　二〇〇六年一月二四日

社長が読み終えるなり、私は原文をもらい、つぶさに目を通しながら、素早く直感的な政治判断をした。冒頭の部分は、殆ど中央宣伝部の『報道批評』にある政治的文句を書き写した常套的なものばかりで、目新しさはまったくない。

李而亮さんも巻き添えにされたのか。それはちょっと気の毒である。

その上「経済処罰」を科すだと？　ここには該当する会社管理規則の根拠が全くないではないか。この馬鹿者どもが。同時に政治的・経済的な手段で人を困らせようという魂胆なのだろうが、私がこの程度の金を出し惜しむとでも思っているのか。さもしい限りだ。

停刊処分は二〇〇六年一月二五日からなのか。明日の『氷点週刊』は本当にお蔵入りとするつもりなのか。読者にどう説明するのだろうか。

最後の一文の意味は何か。ちゃっかり自分の為に逃げ道を残しているではないか。首尾よく粛正すれば復刊できるだと？　では、どうすれば粛正を首尾よくこなしたことになるのだ。過ちを徹底的に改めるとはどういうことだ。我々に「臣の罪は万死に値する」とか「それがしは二度と致しませんから」と言わそうというのだろうが、妄想もいい加減にしてほしい。

処分決定を下したのは「共産主義青年団中央宣伝部」だと？　笑止千万。共産主義青年団中央宣伝部と中国青年報とは対等に位置づけられている部門で、その処分決定を下す権限はハナから持っていないのである。中国青年報は昔から共産主義青年団中央指導部書記処が直轄する機関なのだ。待てよ、書記処がこの汚名を引き受けたくないと思っていると考えると合点がいく。とすれば、逃げ道を残すため、規則や手順を踏む余裕なぞないということだ。このインチキで臆病な官僚連中め。

ざっと目を通して思った事はこれぐらいである。詳しい背景はさらにじっくり考えることにしよう……。

私はまず袁教授の文章の刊行許可を出した総編集長に謝った。

「而亮、迷惑をかけて、申し訳ない。」

「いや、いや、何の何の」彼は慌てて手を振った。「自分のチェックが甘かったんだ、私の責任だよ。」

ともあれ、まず明日の『氷点』が発行できるようにがんばってみるしかない。私は即座に真剣に王・李の二人に『粛正』はいいとしても、停刊はできない。これは新聞定期購読者が既に金を払って購入した情報という商品だ。数多くの読者は『氷点』を目当てにうちの新聞をとっているのに、このように停刊されてはこの人たちに申し訳が立たない」と言った。

続いて「折衷案」を提案した。会社内の共産党組織から共産主義青年団中央指導部書記処に報告し、まず私を停職、或いは免職処分にし、その代わり明日の『氷点』を通常通りに刊行すること（政治的リスクがあるような内容は全然載っていない）。旧正月を跨いで、次回の『氷点』の出版日まで半月近くの時間があるから、「粛正」の目的を果たしながら、読者の利益を損なわない方案を決め直せるはずであると。

王・李の二人は顔を見合わせ、何も言わなかった。おそらくこうする勇気など持っていないのだと私は悟った。こんな専制的で堅苦しい官僚体制には、上からの指令に異議や反論をする下役は皆無である。なぜなら、それは「下克上」にあたり、自分の出世の道に影響が出るに違いないのだ。「公共の利益？　党の規則？　憲法法律？道徳人格？　国際的イメージ？　そんなもの上層部も気にしていないのに、自分が気にする筋合いではあるまい」、これが今中国官界の各レベルの官僚が持っている典型的な生きるための心得である。心にどんな考えをもっていても、ひたすら上層部の意向に従うという彼らの行動パターンの決め手にもなっている。彼らの大部分は、最低限の道徳心・正義感が無いわけではないが、今のポストを放棄したくないと思っている限り、みな官界の「潜在ルール」に従わざるをえない。このようにどのレベルの官吏も法律や大衆への責任を放置したまま自分の損得しか考えない行動パターンが重なって、官僚体制全体の大きな惰性・慣性となる。ひとたび決定を誤ると、例え全員がそれに気づいたとしても、自発的に進路の修正を名乗り出る官僚が一人もいないのだから、体制全体が惰性で誤った道に進んでいき、決定的ミスが災難と化した時、漸く最高指導者がブレーキを掛けようと命令をくだす……これが専制体制の性である。

目の前の情勢を見抜いてしまうと、私の腹は煮え繰り返り、この停刊決定文のでたらめな所を逐一反駁した。王・李の二人に対し、「停刊決定は中国憲法と法律に違反したばかりでなく、同時に共産党の綱領と党内政治生活の基準にも違反している。言論の自由と公民権利を著しく侵害した悪質な行為である。既に折衷案を提示しているのに、これ以上独断専行の行為を続ければ、私は直ちに中央紀律検査委員会にこの処分決定を告訴する」、とも指摘した……。

八時半直前、私はオフィスにもどった。もうこんな時間なのに、北京にいる『氷点』の編集記者が全員居残って私の決定を待っているとは思わなかった。中の一人は痺れを切らして、こっそり会議室の前に「盗聴」しに行ったらしく、「あなたの声は本当に大きかったよ、廊下に響き渡っていた」と言った。私は思わず噴き出した。「そうか、それでもかなり自粛していたつもりだがね」

「それでどうすればいい?」もう一人が聞いた。

私は既に冷静さを取り戻していた。共産主義青年団中央指導部が「折衷案」を受け入れる可能性を断ったとはいいきれない、あれはまったく政治ゲームのルールにしたがって出した妥協案だから。『氷点』の編集主幹を先に免職すれば、それで彼らの面目が十分に立つであろう。

「これから校了ゲラの間違いをきちんと訂正し、我々がやるべき仕事を完全にこなしてから帰ろう。最終的に印刷に回すか、廃版にするのか、我々が決められることじゃないよ」

こんな時になっても、私はまだ首都に居座る上層部が最後の政治的損得勘定をする理性さえも無くしているとは信じたくなかった。

夜九時半ごろ、チェックされた校了ゲラが見事に出来上がった。完璧で非の打ち所が無い。引き揚げだ。運転している時、急に母から電話が入った。母は七〇あまりの年配で、電話口に出るなりそわそわしながら「さっきね、あなたのブログを覗いて見たの。そうしたらね、なにもないの。閉鎖されたのかしら。」

私の個人ブログを閉鎖だって。『氷点』は『氷点』、李大同は李大同、そんな馬鹿な。このブログには『エリートブログ』ウェブサイトの総裁が三顧の礼を尽くして誘って来たからしぶしぶ入ったのであって、ブログ日記なんて書く時間も興味もあるわけが無い。これは実名ブログであり、個人のプロフィールと本人写真を掲載しなければいけない。登録してからちょっとズルして、出版されたばかりの『氷点故事』を毎日少しずつ連載したら、一ヶ月も経たないうちにアクセス件数は五万以上にも上り、読者コメントも数百通あり、人気はそこそこあると言えるのに、一声もかけずに閉鎖するはずがない。

「多分お袋のパソコンの接続がちょっと悪いんじゃないか。帰ったら見てみるよ。」と母を宥めた。

電話を切った途端、ベルがまた鳴った。今回はブログウェブサイトの総裁自らの電話であった。「李さん、本当に申し訳ない。元々取締役会は通達を受けた時も断固として反対していたのだが、ネットサーバーを管理している天津市公安局から、五分以内に李大同のブログを閉鎖しなければサーバーの配線を切る、という最後通牒が届いた。部下達はパニックになって、総裁、早く決定してください、もう二分過ぎていますよ、などと騒ぎ出した」と言うと、総裁は何度も申し訳ない、と謝罪した。私は「これはあなたたちの責任ではありませんよ」と理解を示すしかなかった。本当に訳がわからない。なぜ公安局が出てくるのだ。まさか当局は我々を敵と見ているのか。『氷点』ごとき、止めさせたければ止めさせるがいい。何をそんなに怯えているのだ。

六　生きるべきか死ぬべきか、それが問題だ

家に帰ると、既に夜一〇時を回っていた。少し腹を満たすと、私は書斎でインターネットに接続した。確かに私の実名ブログは閉鎖されていた。名前すら残っていない。彼らはなぜ個人ブログすら見逃さないのか……。私ははっとした。『氷点』の停刊にあたり、お別れのメッセージを載せたからだ。当局は早くから目をつけていて、このようなニュースを警戒していたのだ。前もって全ての関連サイトを閉鎖することで、波風立たずにそっと『氷点』を抹殺しよう、という魂胆なのだ。これはかつてない綿密な計画だ。当局も昔の「遅きに失した」経験を生かして日々「進歩」しているらしい。

パソコンの前に静かに座り、この一件を改めて振り返ってみた。彼らが一体、袁偉時氏の文章を批難しているだけなのか、『氷点』自体を批難しているのかを先ずはっきりさせなければならない。この業界以外の人には信じられないことかもしれないが、実を言うと、我々大手メディアの編集者は、報道や記事が政治的許容限度を超えるかどうかの判断については、中央宣伝部検閲班と「同じハイレベルの視点」で見ている。我々が境界線に触れていると考えられるものを発表した場合は、実際、殆どのものが検閲に引っかかっている。我々と中央宣伝部検閲班との違いを挙げるとすれば、我々は大衆の利益、報道陣としてのポリシーのために、いかな

る手段をとっても発表しようとすることであろう。たとえそのために多少妥協せざるを得ない事があったとしてもだ。一方、中央宣伝部検閲班は、当局の一党統制の意識基盤を守るため、「危険な傾向がある」報道をできるだけ押さえ込もうとするのである。

検閲班の視点から見て、袁偉時氏の文章はそんなに「現実的な」危険性を持っているであろうか。もちろん、まったくないとは言えない。共産党は歴史、とりわけ近代史・現代史・共産党党史の編集権と解釈権を握っている。歴史上の事件・人物に対し、どのような資料を選び、どのような評価を下すかは、直接的あるいは間接的に共産党の統治の合法性に関わるからである。長期に渡って繰り返し「偉大で、光栄で、正しい」「歴史はいく度も～を証明した」「これは人の意思で変えられるものではない、客観的事実だ」等の言葉を使って、民衆を洗脳しつづけてきたからこそ、一党統治を民衆の意識の中に植え付けることができたのだ。かつてマルクスは「いかなる社会も、統治地位を占めている意識形態は、皆統治階級の意識形態だ」と言った。これは統治社会の統治者が国家という強制的な力により、発言権と解釈権を握ってきた結果である。一度風穴が開けられ、民衆に何が真実で何が嘘であるかを知られてしまったら、強固に見える発言権はベルリンの壁が一夜にして崩壊したようにもろく崩れ去ってしまうだろう。

袁偉時氏の文章は、まさにその「潜在的な」危険をはらんでいるのだ。もし清朝末期についての記述の中で、政党を転覆させようという資料と解釈を教科書に載せることを許可してしまったら、次に中華民国史・抗日戦争史・中国共産党党史・中華人民共和国史(「反右派闘争」「三年自然災害」「文化大革命」「六・四天安門事件」・毛沢東・鄧小平・胡耀邦・趙紫陽等に対して)を全て解釈し直すことも許されてしまうであろう。そうなったら大変だ。高華教授の力作『太陽はいかにして昇ったのか』は、国内で公開された資料を基に書かれたものであるにもかかわらず、「延安整風」について当局の党史と相反する解釈をしてしまったが故に、「禁書」となってしまった。さらに元中央文献事務所「周恩来組」の長、高文謙先生が自ら手に入れた資料を基に書いた『晩年の周恩来』も、中国では禁書となっている。（もちろん、取り締まってもしきれていないので、読みたいと思う人は手に入れることが可能である。）今年は文化大革命が始まって四〇年、終結から三〇年の節目にあたる。中央宣伝部は早くからすべてのメディアに対して、文化大革命を考え直すことをテーマにした文章、あるいは報道を慎むように命令を出していた。文革博物館を建設するという巴金氏の願望の実現などは夢のまた夢である。

大衆に知らせないようにするか、知られてもできるだけ早く忘れさせようとするかが、中国共産党の意識形態を管理する官僚の使命の全てなのだ。この洗脳は非常に有効で、現在の中国では文化レベルが最も高い、情報を入手する手段が最も発達している大学生層でさえも、「四人組」・胡耀邦・趙紫陽とは誰なのか、「六・四天安門事件」とは何なのかを知らない人が多い。

共産党が「潜在的な」危険に直面して、意識形態の検察官たちは非常に敏感になっている。まさに「職務にふさわしい人材」だといえるであろう。しかし、言論の自由の下、民衆が大量の情報、多元的な意見の「波」に呑まれず、自ら判断を下し、他人の意見を尊重することを許可、後押しすることができることこそ、国民社会の通るべき道である。それが人民の多大な創造性を喚起し、中華民族が民族文化の世界で自立できる唯一の選択であることを彼らは永久に知ることはないであろう。

袁偉時氏の文章が「現実的な」危険をはらんでいるかどうかはそれほど深刻な問題ではない。それに比べると龍応台女史の文章の方がこのような特性を持っている。

「あなたが知らないであろう台湾」が発表された後、中央宣伝部部長劉雲山は共産主義青年団中央指導部第一書記を呼び出した。文章の中のいろいろな「誤り」を指摘したほか、この文章は「あらゆるところで共産党に盾ついている」とあからさまに言った。
この評価は間違っているとはいえない。この文章は台湾社会の民主化発展のプロセスと、現在民衆が享受し始めているさまざまな自由と権利をつぶさに生き生きと描いている。それは中国大陸の現状とちょうど正反対であり、「いわゆる西方（欧米）の民主と自由や、『三権分立』の政治体制は中国の国情にそぐわない」という真っ赤な嘘は戦わずして敗れてしまった。
「一个主席的三鞠躬（ある主席の三度の拝礼）」と言う文章では、国民党が台湾を統治していた期間の様々な罪を報道した。そして今日、これらの罪とまったく関わりのなかった新任の国民党主席馬英九氏は計三回「白色テロ」の時期に国民党政権に殺された台湾の有識者や共産党党員に対して謝罪した。台湾政府も被害者に対する経済賠償法案を打ち出した（これには共産党党員の遺族への賠償も含む）。この文章が掲載された後、中央宣伝部はすぐさま李而亮に電話した。「なぜこの文章を掲載したのか。今、ネット上には胡錦涛主席はいつ『三度の謝罪』をするのか、という書き込みであふれているぞ」。これは、確かに事実である。私も結構ネット上でそのような感想を見たことがある。問題は、胡錦涛主席はなぜ「三度の謝罪」をすることが許されないのかということだ。（共産党が政権を握って半世紀あまりに渡って犯した「重大な過ち」は中国人民に多大な損害をもたらした。それは国民党が政権を握っている時期より少ないと言い切れるのか。八年の悲惨な抗日戦争では、大陸側の統計によると、三五〇〇万人の中国軍隊および民衆が死傷したというが、平和な時期で全て順調にいっていた頃の「三年自然災害」でどれだけの人が餓死したのか。少なく見積もっても同じくらいの数字に達するだろう。共産党に弁償の意思がないのはまだしも、謝罪すらしないのか。皇帝さえも天下に対して「己を責める」という詔を出しているのに）
一方、中国社会はやはり進歩している。当局は一般の学習討論への干渉は大幅に減らし、歴史教科書内の数多くの事件や人物についての「定説」を、より客観的に、より史実に近づけるよう、目立たたない程度に調整するようになった。それだけではまだまだ足りないにしても、だ。それがゆえに、袁教授による百年あまり前の清朝末期の歴史についての評論文を掲載したことだけで、中央クラスの大手新聞社の有名な週刊紙を停刊し、世論から批判を浴び、共産党の国際的イメージに大きなダメージを与えるような代償を払うことすら恐れない姿勢は理解に苦しむ。これは常識では考えられない非理性的な政治選択である。もっと重要な原因がなければ、決してこのような決断はしないはずだ。

袁偉時氏を批判することが、ただの言いがかりとカモフラージュに過ぎないことは明らかである。官僚たち自身でさえも、この文章が「矛先を共産党の上層部と社会主義制度に向けている」とは信じていないであろう。となると、『報道批評』の最後の一文こそ、中央宣伝部の真の目的を表していると言える。「ある時期から、中国青年報の『氷点』という専門紙は、わが国の主流的な認識と相反する文章をたえず掲載して、党の思想陣営に一度ならず重大な誤った観点を撒き散らし、人民による厳しい批判に対しては聞く耳を全く持っていない。彼らは我々の若い読者たちを一体どこへ導こうとしているのか」。今、彼らはこれ以上我慢できないと見て、今度こそ『氷点』を完全に清算するつもりなのだ。袁偉時氏の文章がやり玉に挙げられたのは、彼らが多くのネチズンによるこの文章への批判を見たからである。チャンス到来だ、本来、『氷点』を停刊にすることに大衆の支持は得られないが、しかし、今回は「大衆基盤」があり、多くの人の「理解」が得られるかもしれない。このように「バランス」を保てる機会はなかなかなく、見逃すわけにはいかない。

報道を差し押さえ、出版を差し押さえ、あるいは直接宣伝部の役人を派遣し影響のあるメディアを接収管理することは決して珍しいことではない。二〇〇三年、創設されて間もない『二十一世紀環球報道』は、毛沢東の秘書であった李鋭氏による政治体制の改革についての意見を発表しただけで報道停止という目にあった。当時の命令は「停刊粛清処分一ヶ月」であり、一ヶ月経ち、反省文も書き、「綱紀粛正完了報告」も上層部に提出した。であれば、復刊が許可されてよかろう。と思いきやおっと、そうは問屋がおろさず、それで完全にゲームオーバーだったのだ。湖北省のある社が新たに始めた『新週報』は何回も発行しないうちに、腐敗の暴露に力を入れたため、「停刊粛清処分三週間」の後、これもお陀仏となってしまった。また、かねてから大衆に評判の良かった『南方週末』は、発行部数がとても多く、停刊にすると影響があまりに大きかったため、編集長と執行副編集長を解任し、直接広東省党委員会宣伝部の局長を「天下り」させ編集長の任に当たらせた。その効果は直ちに現れた。発行部数が一〇〇万部余りのこの週刊紙は、僅か二、三年で四〇万部に満たなくなり、元々毎年六〇〇〇万余りあった利益が現在は一〇〇〇万余りまで減ってしまった。なぜこのように急激に状況が悪化したのだろうか。最近、『南方週末』を創刊した編集長の左方さんが次のようなことを披露してくれた。二〇〇五年に『南方週末』は中央宣伝部から合わせて六回の『報道批評』を受けたが、その内五回は賞賛だったのである。これで合点がいった。

これら前人の失敗を前に、一体誰が「粛清」の後に彼らが再度『氷点』を復刊させると信じようか。幼稚園児ですら信じない。

生きるべきか死ぬべきか、それが問題だ。シェークスピアの名言が思わず頭をよぎった。

生きることは可能性がないわけではない。涙を流して泣き叫んで、「私めの罪は万死に値し」、「私めは二度とこのようなことは致しません」と自己批判さえすれば、さらに積極的に党の紀律の処分を求めれば復刊がないわけではなく、生活は保障されるであろう。その上、典型的事例などとして報道界に散布され、『氷点』がどのように今回の過失を悔い改め、「党の正しい報道路線」に戻ったかなどと伝えられるかも知れない。ばかいえ。犬ですらそんなことはしやしない。これは人が暴行された後にその暴徒に対しよくやったとほめるのと同じだ。

実のところ、中央宣伝部は以前から『氷点』が「主流」に帰順するよう努めていた。周知の事であるが、中国大陸のメディアには奇異な現象がある。それは十日・半月毎に、あらゆる主要メディアは同じ対象について政治宣伝的な「報道」を行うのである。この類の宣伝は、中国大陸の主要メディアへの指令的任務で、宣伝される「模範人物」はみな同時にメディアの最も重要な場所で発表され、それによって大いに気勢をあげるのである。このような、報道規範に背き読者も嫌気がさすような、ただ共産党が自画自賛するだけの「報道」に、中国大陸のメディアは内心大いに不満ではあるが、思い切って物申すなどということはできない。

その後、中央宣伝部は一面トップで発表するだけでは「効果がない」とし、又も奇想天外な「名新聞」、「名コラム」というアイデアを打ち出した。「名新聞」は主流なメディアではないが、大衆の間で評判の良い、読者の多い都市新聞又は週末新聞であり、例を挙げるならば『南方週末』である。いわゆる「名コラム」というのは主要なメディアの中で、目立つ位置にはないが読者が最も注目する記事をさしており、例を挙げれば、中央テレビの『焦点訪談』である。つまり、これらの新聞とコラムは命令によって「模範的なもの」を宣伝する隊列に組み入れられるのである。紙媒体の中で影響力の強かった『氷点』は、当然この災難から逃れられなかったのである。

二〇〇四年秋、中央宣伝部は再度「模範人物」の大規模な宣伝をはじめた。その人は内モンゴル自治区党委員会常務委員・フフホト市党委員会書記という高官であるため「重要模範人物」とされた。今回は中央宣伝部副部長の李東生が自ら命令を下した。中国青年報『氷点』は必ず記者を派遣し参加しなければならないと。

この指令は迅速に伝わり、私に編集の責任を負わせた。私はろくに考えもせずに、「行かない。『氷点』は参加しない」と答えた。

このことが記者団に参加した中国青年報の女性記者を苦しませた。各メディアの記者がフフホトに集まった後に、『氷点』から記者が来てないことに気づき、記者たちを率いた中央宣伝部新聞局の劉姓副局長は顔色を変えて、「お前ら、東生部長の命令に逆らうとはいい度胸だ」と激怒した。彼は三夜続けて中国青年報の女性記者に対し厳しい態度で話をし、この女性記者を泣かせた。最後に彼は無理やり彼女に、「『氷点』から人が来ないなら、お前が『氷点』に記事を書け」と命令した。

取材が終わってから各メディアは宣伝を開始し、中国青年報は、一面のトップという位置で三、四日連続して記事を掲載した。字数は合計一万六〇〇〇字余りであった。これで十分だろうか。いや、だめだ。なぜなら『氷点』が「お上に逆らった」から。李東生は直ちに中国青年報の副編集長を中央宣伝部に呼び、言った。「今日の用件はたった一つだ。『氷点』はこの模範人物の記事を必ず掲載しなければならないということだ」

あらゆるメディアが狂ったように報道した。中国青年報は使える材料は既に全部掲載した。あとはどうやって記事を出すか。ほかにどのようなニュースの意味があるというのだ。中国青年報の副編集長は慎重に尋ねた。

「李部長、再度ご相談させて頂けませんか」

「これは、掲載するしないの問題ではなく、いつ、どのように掲載するかが問題なのだ」

李東生は少しの検討の余地も与えなかった。役人に必要なのは「意義」ではない、服従させればそれでいいのだ。

副編集長が戻り報告した後、当時の中国青年報の編集長である李学謙が私をオフィスに呼び出し、状況を説明した上で私に尋ねた。「大同君、李東生の話は全てこの件なのだ、中央宣伝部の面子を立ててはくれないか」

「無理です」私は当然断った。「もしも彼が再度でたらめなことを言ってきたら、わたしは中央規律検査委員会に報告します」

「報告する?」李学謙は事の激しさに驚きながら私を見た。「何を報告するというのだ」

「職権乱用だと報告します」

私がこういったのを聞いて、学謙は背を向けて出て行った。彼は私に強要しても無理だとわかったのである。しかし『氷点』と中央宣伝部の間には太くて長いパイプが通ってしまった。

事が終わった後、我々数人の編集責任者は協議して決めた。『氷点』が一度でもこのような先例を作ったなら、中央宣伝部はすぐに二度目、三度目の命令を出してくるのは目に見えており、そうなると我々は二度と自分を取り戻すことはできなくなってしまう。『南方週末』、『焦点訪談』はいずれも私たちへの戒めである。これらの名新聞、名コラムは既に鋭気を失っており、二度と以前のような大きな影響力を取り戻すことはない。誰だったかは忘れたがその場にいた誰かが絶妙の比喩を言っていた。「一度目は強姦、二度目は和姦、三度目はもう不倫になっている」

職業に対し最低限度のプライドを保ちたいと思うのであれば、『氷点』はそんな風に生きることはできない。そんな風に生きるのならば、生きるより死んだほうがましだ。

死に方には二種類ある。一つはいかなる詮索もせずに、職業に対する最低限のプライドを保ち、しかし怒りをこらえてじっと我慢し、抗議もしない。このようにすれば少なくとも生活は保たれる。もうちょっと綺麗に言うと「命をつなぐものさえ確保しておけば、将来への望みは持てる」ということだ。これは昔、粛正されたメディアの唯一のやり方だった。しかし、これはくだらない官僚の思うつぼにはまっているのではないだろうか。元々彼らは我々に対しては従順で、何か幻想を抱くなどということはなかった。私と盧躍剛は以前、長編の公開状を発表し、これらの官僚の、道理を無視した強硬姿勢を激しく非難した。彼らは我々のことを詳しく知っていて(共産主義青年団指導部や時には第一書記の周強までが、わざわざ私のバックグラウンドを調査した）、早くから我々を「死んでも悔い改めない自由主義的知識人」と位置づけていたのである。よって今回の停刊命令は、ある意味では少しも疑う余地のない報復攻撃だったのである。

もう一つの死に方、それは背水の陣を敷き、この官僚グループの卑劣な行いを天下にさらけ出し、人々にこれらの官僚の顔を知ってもらい、歴史に真実の記録を残し、中国の言論の自由を摘み取るという今回の恥ずべき行為を歴史の恥辱のモニュメントにしっかりと書き残すことである。こうすれば『氷点』はたとえ死んでもなお存在し、読者と同業者の心の中で長く生き続ける。ひとたび春が到来すれば、それは瞬く間に復活し、再び生きる望みが現れるであろう。

『氷点』の編集主幹として、私は二つ目の死に方を選択する。

七　「私が地獄に落ちなければ、誰が落ちる」

私がまずやらなくてはならないことは、包囲網を突破することにちがいない。

今回『氷点』を封じ込めた行動は、文章を非難するという形を借りたことであれ、停刊実施のタイミングであれ、すべて緻密な策がめぐらされており、「政府機関はなんと頭がいいのだろう」と思った。

袁偉時の文章は、彼らにうまい口実を与え、多くの「怒れる青年」の、時には「憤る中高年」の理解或いは支持を得ることができた。

実行のタイミングを選ぶに当たっては、彼らは袁の文章が発表された後、大晦日直前まで二週間近くもの間辛抱強く待ち続けた。このころ人々はすでに次から次へと故郷へ帰って親戚回りをし、帰郷しない人々も心の中ではどのようにして春節を過ごそうか考えていた。彼らはこの時期を選び、実行した。一般に誰も注意を払っておらず、『氷点』が期日どおりに出版されていないと気付く人でさえ、我々が早めに休みをとったとでも思うだろう。(案の定、事件後多くの読者から、あなた方の休みは「長すぎませんか」という質問がきた)。また中国の多くの地方の習慣で、春節は正月十五日の「元宵節」まで過ごし、そこでようやく終わるのである。この長い十数日間にわたり盛んに行われる酒宴・親戚や友達との行き来の中で、一体誰が一部の週刊紙が消えたということを気に留めるだろうか。

「目立たぬ死」とするために、当局はかつてない規模で全てのネットワークと個人ブログが関連のニュースを流すことを事前に防止する策を施した可能性がある。「氷点停刊」の字句が現れた場合は例外なく切り捨て御免の格好で、多くのネットユーザーのブログが巻き添えを食らい、画面を真っ白にされてしまう。

でも、専制者の自己評価は余りに良すぎた。彼らは万能であると思っていた。しかし私は、インターネットこそ専制を打ち破る文明の利器であり、完全に封じ込めるのは無理だと信じていた。私が数通のメールを送れば、きっと幾何級数的に広まっていくであろう。

私はすぐに公開抗議文を書くことに決めた。今回の経緯に鑑みると私は抗議文を遅くとも一月二五日の二四時前に出さなければならないと確信していた。それはまさに停刊当日であった。

パソコンのファイルを開き、私はあらゆる政治経験に基づき、抗議する対象を一体全体どこの機関にすべきか、誰にすべきか考え始めた。

言わずと知れたことで、もし今回の命令が最高指導者による命令だとしたら、抗議はいかなる効果も得られず、抗議が共産党全体に対してのものだと思われてしまう。一般の党員と党の最高指導者の間には、これまでに党規約が公言する「人はみな平等」が存在したことなどないのだ。

しかし、停刊決定の文面は次のように伝えている。共産主義青年団中央指導部書記処は表に出たくないこと、そのうえ予め、自分たち処分する側にも『氷点』を復刊させる可能性あり、という逃げ道を残した。私は、これは命令が「最高指導者」から来たものではないことを十分に証明していると考えた。もしも「最高指導者」から命令が出されていれば、下級役人たちは絶対にこのようにあれこれと気配りしたりしない。むしろ逆に「忠誠」を見せつけるためにも、少なくとも共産主義青年団中央指導部書記処の名で停刊の指令を出したはずである。共産主義青年団中央指導部が自身に退路を設けていたことは、命令を下した部門が最高権威を持っていないからであり、事が騒がしくなったらすぐに手のひらを返す。ということは、彼らの上には今回の決定を変える権力を持つ人がいるということだ。

その結果、私は抗議の対象は共産主義青年団中央指導部ではなく(共産主義青年団中央指導部にネットを封じる権力があるとも考えられない)、中央宣伝部であり、中央宣伝部の副部長クラスではなく部長だと判断した。なぜなら全国同時にネットを封じる命令は中央宣伝部からだけではなく、同時に国務院報道弁公室からも発せられる命令であるからだ。後者は省クラスの機関であるから、命令を下した者は普通の省クラスより位が高いはずで、劉雲山のみがこの権力を持っている。彼は政治局委員と中央書記処の書記である。さらにこの決定は宣伝を受け持つ中央政治局常務委員会が承認した可能性がある。

最高指導者が下した命令でさえなければ、たとえこれまでそういった闘いの先例がなかろうと、たとえ局面を打開する希望が微々たるものであっても、理論上は、憲法・法律及び党の規約に基づき、体制内で闘い、成果が得られる可能性が全く無いわけではない。

正直に言うと、最終的に抗議の矛先を「中央宣伝部の少数の指導者」に向けると決めた時、こんなにもはっきりさせる必要があるのだろうか、と私は幾分躊躇した。天秤にかけた結果、必ずはっきりさせなくてはいけないと考えた。この抗議は恨みつらみをぶちまけるものではなく、十分に是非を論じ、正式に中央規律検査委員会に提訴する前触れである。正式な提訴となれば、対象を明らかにしないということはあり得ない。これはどんな意味を持っているのだろうか。今回の相手は位が高く権力のある共産党指導者グループの中枢人物の一人であり、未だかつてない巨大な政治リスクをもたらすだろう。もしも闘いが失敗したら、私を党籍から除名し、職務を取り消すことなどは軽い方で、最も可能性があるのは直ちに会社を辞職させることである。うっかりすると、私を無理やりある根拠のない罪名で監獄に入れる可能性も完全には排除できない。

私はふと思い出した。二〇〇五年八月下旬、私の公開状がインターネット上で広範に流れた後のある日、会社の人事部から私に、北京市公安局の二人が私を訪ねて来たと連絡が入った。

「何ですって。公安局?」私は自分の耳を疑った。「彼らが私に何の用だ」。私は大手新聞社の編集者が暴力取締り機関である公安局と一体どんな関係があるのか全く理解できなかった。

「彼らは君の公開書簡を調べにきたそうだ。海外の法輪功の反動的なウェブサイトに掲載されたので、君のところへ状況を調べに来たといっている」。さらに人事部の同僚は声をひそめて「彼らは君のメールアドレスを提供するよう要求してきたが、我々は渡してはいない」と言った。

私はそれを聞くや否や怒りを覚えた。この「特務機関」はなんと私のところまで来て、さらに私の通信内容をひそかに監視したいというのか。「会わない。そんな暇な時間はない」と言ってやった。

これで帰ればもう来ないだろうと考えた。が、数日たってから再度やってきて、やはり私に会いたい、といってきた。

私は大いに好奇心を抱いた。というのもこれまでの生涯において、ほんの数回、戸籍管理警察・交通警察を相手にしたことはあったが、中国の本物の「ＫＧＢ」がどのようなものかを見たことはなかった。それもいいだろう、いっそのこと彼らに会い、ついでに彼らに「講釈」をしてやろう。

我が社の人事部長は「大騒ぎ」になると分かり、わざとオフィスを出て行き、我々を対戦させた。

やってきたのは二人の私服警官であった。一人は三十数歳の感じで、もう一人はわりと若そうな感じだった。顔つきはきわめて普通だった。私は昔読んだ『ＫＧＢ』という本の中の、ソ連のＫＧＢがスパイを選ぶ時には、顔つきがいたって普通の、どんな特徴も描写できない、人にどんな印象も残すことのない人間を選ぶ、という一節を思い出した。中国もこの基準を用いているのだろうか。私は心の中で笑った。

私はまず彼らに身分証と紹介状を呈示するよう求めた。さっと見ると、北京市公安局の第一本隊であった。この「本隊」が何をしているのかは私も知らなかった。彼らは指導者が代わったと紹介し、私の公開状のことを調べに来たと言った。

「私の公開書簡を見たことがあるのですか」と私は聞いた。

「はい」彼らは答えた。

「その中に中国憲法や何らかの法律に違反する内容でもあったのですか」

「いいえ」

「『四つの基本原則』に違反する内容でもあったのですか」

「いいえ」

「会社内部の討論管理条例になにか間違いでもあったのですか」

「いいえ」

「ならあなた方は何しに来られたのですか」私は少しの遠慮もせず声をあらげて聞いた。「あなた方はこれが大手新聞社の内部管理条例に対する議論だと知っているのですか。これは私が社内のネットワークに発表したものだということを知らないのですか。中国憲法と法律の中のどの条文があなた方に調査をする権限を授けているのですか。あなた方は公務員なのに、法律による明確な授権がないことを知らない。あなた方はまったく権利がないのにこのような調査をするというのですか。あなた方は公安局なら法律の制約を受けなくていいとでも思っているのですか。したいことはなんでもやれると思っているのですか」

この怒涛の問いかけは二人に大きなショックを与え、二人はあっけにとられて暫くものが言えなかった。もしかしたらこれまで彼らは人を問い詰めた時に、逆に彼らをどなりつけた人などに出会ったことがなかったのかもしれない。彼らはしばらくの間呆然としていた。

しかし私はそうしたことに構うことなく、憲法の条文から公民の権利まで、公職部門の権力の根源から限界まで、さらには近年発生した多くの重大事件の判例を挙げ、まるまる二十分ほど話をし、最後に彼らに、法律が禁止していない公民の行為に公安局が干渉する権利はないと言った。「あなた方が今日来たこと自体が違法なのだ。理解してもらえたかな」

二人はずっと汗を拭い、徹底的に言いこめられた。年上の方が「李先生、怒らないでください。我々も上司の命令で来たのです。我々は実はあなたたちのようなレベルの高い知識分子とお近づきになりたいと思っていました。我々の局の人間の多くが『氷点』の大ファンなのです」

話を聞いてようやく私の怒りはおさまり、『氷点』の読者にこんな態度をしてはいけないと思った。私は笑って言った。「あなた方に怒っているのではないのですよ。『氷点』について何か意見や提案はありませんか」

「我々は『氷点』の選集が欲しいのですが、李先生我々に一冊くださいませんか」

おやすいこと、私は一緒にオフィスに戻り、彼らに一セットずつ『氷点』選集を贈り、握手して別れた。

彼らには二度と会いたくないとは思ったが。

しかし、公安局はまた来たのだ。

二〇〇五年一二月初めのある日の午後、突然会社の保安部長から電話が入り、公安局が私を訪ねて来たと言った。私は聞くや否やかっとなり言った。「私に何の用だ」

『冰点』一一月三〇日に掲載した、武漢大学教授の周葉中の剽窃を暴露した件についてだそうだ」保安部長は言った。

どんな報道にも公安局は関わる権限を持っているというのか。

「彼らはおかしいよ、会わない」私は電話を切り、一体どこに彼らに講釈をしてやる時間があるというのだと思った。しかし公安部門はこのように公然と中央の大手新聞社の内部の仕事に口を出してくる。確かにこれは好ましい前兆ではない。まさか中国が警察統治による国になろうとしているのではあるまい。わたしは憂慮した。

今考えてみると、公安局が二度私を尋ねたのは何かの様子を探るためでは全くない。そんなことは会社の責任者からたやすく手に入れることができ、他言されることもないだろう。彼らが公然と私を訪ね、人のメールアドレスの提供を会社に要求することで、私に、お前は我々の厳重な監視下にあるのだから注意しろよ、と分からせようとしているのだ。今回も天津市公安局が現れて私個人のブログを封鎖する命令を下した。

こうした時、こうした状勢下において、闘って成果が得られる可能性は、仮に最も楽観的な予測をしても、一割にも達しない。

私はついに理解した。私は『冰点』の編集主幹である。今回は見たところいささかの希望も持てない闘いである。初めから、その本質は政治的メリット・デメリットを秤にかけた後で決断をするということではなく、「私が地獄に落ちなければ、誰が落ちる」という覚悟だということだ。

私は若い時に読んだマルクスの作品の一部分を思い出した。それはかつて我々に正義の血を沸き立たせたのである。「真理の入り口にいると、まるで地獄の入り口にいるようであり、ここではあらゆるためらいを取り除かなければならなく、ここで臆することは何の足しにもならない」

賽は投げられた。発表しなくてはならない。

私はキーボードを打ち始めた。時はすでに一月二四日、深夜であった。

八　「あなたは絶対に捕まったと思っていました!」

抗議文発表のあと、海外記者が私に対してインタビューを始めたときの第一声はどれも驚くほど決まりきっていた。「あなたが未だにここにいて取材を受けていられるなんて、まったく信じられない。絶対に捕まったと思っていました」

「法治国家」を称する国が、すべての海外メディアにこのような一致した印象を与えているとは、まったくもって皮肉なことである……。

一月二四日の夜、私はまだ書き終えていなかった。数時間にわたって脳が激震を受けたため、私は精も根も尽き果てていた。「こんな状態でこれを書き上げるのは無理だ。明日にしよう。まだ丸一日あるし、会社で完成させればいいさ」そう考えて私は眠りについた。

一月二五日早朝、ミルクティーを飲み牛肉を食べると、何となく気力が奮い立ってくるように感じた。私は昨日書いた数段落の抗議文をメールで自分宛に送り、会社で引き続き書こうと思っていた。そして会社に到着してメールを受信してみると、しまった、届いていないではないか。これでは会社で完成させることもできなくなってしまった。

『氷点』がその発行日に停刊となったこと、そして、あろうことか、その数百万の読者に対してひとことの釈明も謝罪も掲載していないことに、私はすこぶる腹を立てながらその日の新聞を見た。「諸事情により出版することができませんでした」などと言っても釈明にもならない。何が「民衆のための力」だ。

あとになって、私がこの日会社で執筆することなどそもそも不可能であったことが証明された。私のオフィスの電話は朝から晩まで鳴り続けた。一、二分ごとに一件、取材を申し込む電話がかかってくる。固定電話と携帯電話が同時に鳴ることもあった。一体どっちを先に取れというのか。

世界のほとんど全ての有名なメディアが群れをなしてやってきた。AP通信、AFP通信、ロイター通信、共同通信社、ロシア・インターファクス通信、BBC、CNN、日本テレビ、ボイス・オブ・アメリカ、ラジオフランス、第二ドイツテレビ、ドイチェ・ヴェレ、デンマークテレビ局。アメリカのニューヨーク・タイムズ、ワシントン・ポスト、ウォール・ストリート・ジャーナル、ボストン・グローブ、ロサンゼルス・タイムズ、クリスチャン・サイエンス・モニター、ニューズウィークに、イギリスのタイムズ、フィナンシャル・タイムズ、デイリー・テレグラフ、日本の読売新聞、朝日新聞、産経新聞や日経新聞。そして、フランスの『Le Nouvel Observateur』、ドイツの『Die Zeit』、オーストラリアの『シドニー・モーニング・ヘラルド』、シンガポールの『ストレイツタイムズ』や、台湾の『中国時報』、『蘋果日報』や中央社、香港の『明報』、『亜洲週刊』、ケーブルテレビ、商業テレビ、自由アジアラジオ放送局……あと、韓国やタイ、マレーシアなど、さらにはブラジルのニュースメディアに至るまで電話で取材してきたのだ。私個人に言わせれば、これはもうとても受け容れ難い災難である。もし私が報道界の人間でなく、海外の同業者の仕事を十分に理解していなければ、拱手の礼、つまり片方のこぶしをもう一方の手で包み顔の高さまで挙げ、上半身を少し曲げて礼をしながら、「もうカンベンしてください」とお願いするところであった。

今回、多くの有名メディアにおいて、中国支社長や局長あるいは記者クラブのトップ記者が主要な取材を担当し、また、あるメディアでは四、五人の記者が同時に取材にあたっており、この事件を重視する海外メディアの姿勢が十分にうかがえた。しかも、この事件の追跡報道はずっと続き、多くの記者はほぼ半日に一回の頻度で電話をかけてきて、最新の動向について問い合わせた。

あるスイスの友人は、私の家に電話をかけてきて、ヨーロッパのメディアでは最近三つの国際的な大事件が報道されており、その中のひとつが氷点事件であると言い、私に「大丈夫なのか。捕まりはしないか」と心配そうに尋ねた。

多くの記者がこのような質問をする。「海外メディアの取材を受けようというあなたの勇気はどこから出てくるのか。以前あった、ニュースメディアを粛清するこの手の事件では、私たちの取材を受けようという中国の編集記者は誰一人としていなかった」と。

私がそれに答えて、「中国の憲法と法律には、中国の公民が海外メディアの取材を受けることを禁ずるような条項はひとつもない。もちろん、私は中国メディアの取材を受けることをより強く希望しているし、特に新華社と人民日報に取材に来て欲しいのだが、彼らは来ない。小さな会社すら人をよこさない。中国メディアはこういう事件を見慣れているから、そもそもニュースだとは考えないんだ。まして、大ニュースなどとはね」と言うと記者たちは大笑いした。

外国の記者が中国で取材をする時は、事前に外交部報道局と各省の外事弁公室に報告して承認を得なければならない決まりがあるのだと、彼らは私に教えてくれた。なんということだ、まさかそのような馬鹿げた決まりがあるとは。中国での駐在を承認したのなら、そのメディアを尊重し、外国記者が職業規律とルールに則り仕事をすることを許すべきではないか。中国の役人は、外国のニュースメディアは皆ＣＩＡだとでも思っているのだろうか。

一月二五日夜九時過ぎ、電話がようやく鳴りやんだ。私は胸をなでおろし、改めて公開抗議文を書き始めた。私のタイピングの速度から考えて、深夜零時までには終わらないかもしれない。そこで、私が口述し、妻の江菲が入力することにした。一時間後、初稿が形になった。そして更に一時間後、校正が完了した。

最後に署名をしなければならない。私個人の署名にするか、それとも「『氷点』編集記者一同」と署名するか。私は一瞬ためらってしまった。

『氷点』編集部の暗黙の手順では、『氷点』の命運に関わる行動を起こすときはいつも編集主幹同士で事前に相談し、最終決定は各編集記者に通知して意見を求めなければならない。『氷点』には私の他にもうひとり、影の特別編集主幹がいた。『氷点』の写真の総監督、賀延光である。賀延光は一九七六年におこった反四人組の天安門四・五運動における英雄的人物の一人で、かつて、そのことが原因で逮捕され七ヶ月の間投獄された。彼は著名な撮影記者で、同時に優れた文章理解力をもつ、私の親友である。彼のオフィスは『氷点』編集部の隣だが、普段はいつも『氷点』編集部内にいて、部下に「賀さんは撮影部よりも氷点編集部に勤務している時間のほうが長い」と言われていた。彼はしょっちゅう『氷点』の報道の粗探しをしてはけちをつけてくれる。そこで、そのすばらしい鑑賞力に、私たちは彼を『氷点』の「常務委員」に任命した。彼は事実上『氷点』の全ての業務に関与し、内部のディナーパーティーさえもほとんど欠かさず参加していた。

先に副編集主幹の盧躍剛の意見を聞くべきだろうか。私はしばらく考えて、すぐさまその考えを打ち消した。盧躍剛は著名なルポルタージュ作家で、二〇〇四年に彼が共産主義青年団の常務書記である趙勇に公開状を出した事件によって一躍有名人になり、南方のある雑誌で中国の著名知識人五〇人のひとりに選出された。もし私がやろうとしていることを彼に伝えたら、彼の性格と使命感から考えて、きっと私と共同署名し、政治的なリスクを共に背負うことを要求するだろう。その要求を拒絶することはできない。しかし、私が彼に相談できないのは、袁偉時の論文の掲載が彼とまったく関係がないからというだけではない。それに加えて今回の行動があまりに危険すぎるからだ。抗争に敗れたあと、懲罰を受け公職を剥奪されるのはほぼ避けられない。彼に無意味な代価を払わせる権利は私にはないし、すべきでもない。私は一九八九年、首都の一〇〇〇人の報道関係者が党中央と対話する活動を発起したという理由で党紀処分を受け、兼任していた二つの部門の主任職を剥奪され、そして報道研究所に左遷されて五年間何も仕事がないような状態だった。その後、私は『氷点』を創刊してひたすら死に物狂いで一一年格闘してきた。すでに長期にわたり対抗する心の準備は整っている。しかし他の人はそうではない。このとき躍剛はちょうど四川の雅安という辺鄙な土地にいて、ネットに接続することができなかった。たとえ私が抗議文を彼に送って見てもらいたくとも、技術的に無理だった。電話ではなおさら安全性に欠ける。

賀延光は北京にいるし、彼が署名する必要はない。先に抗議文を見てもらい、意見を出してもらおう。そして彼に電話すると、あいつめ、自宅で電話線を使ってネットにつなぐ方法がわからないとか言うではないか。もう一人の副編集主幹杜湧涛は今親類を訪ねて内蒙古へ帰省する汽車の中なので、なおのこと連絡をとるのは無理だ。

既に夜一一時をまわっていた。これ以上ためらっている時間はない。私はしばしばメリットとデメリットのバランスに考えを巡らせ、「『氷点』編集主幹」という肩書きで署名することに決めた。こうすれば、法的にこの抗議は私個人の行為というだけなく、『氷点』関係者の絶対多数を代表していることにもなる。

以下が抗議文の全文である。

『氷点』の不法停刊処分に対する公開抗議

報道業界の同業者、知識界および法曹界の方々、そして国内外の熱心な『氷点』読者の皆さんへ。

二〇〇六年一月二四日火曜日、それは『氷点』の出稿日であった。『氷点』の在北京編集者たちはいつもと同じように編集部に集まり、一月二五日出版となる今週号を真剣に校正していた。午後四時過ぎ、ゲラは全て出揃い、印刷の承認を得るために総編集長に送られた。しかし、いつもと違い、いつまで待っても応答がない。私たちは、会社の経営幹部たちが全員共産主義青年団中央指導部に呼び出されて緊急会議を開いており、ゲラをチェックする人がいないと耳にした。それは異常事態が発生するだろうことを意味していた。

たとえ天が落ちてきたとしても、新聞は通常どおり出版しなければならない。これは全ての定期購読者および読者に対する責任である。私たちはゲラをチェックして見つかった誤りをすべて修正し、静かに事態の進展を待った。『氷点』に対する中央宣伝部の批判や指弾が絶え間なく続いていたこと、月曜日に中央宣伝部の検閲班が『氷点』の発表した袁偉時教授の論文「近代化と歴史教科書」に対して文革式の理論や路線を振りかざす横暴な非難をしたばかりであることに鑑みると、その編集主幹として、私の職務が剥奪される時が来たのだろう。私はそう推察した。

しかし、その卑劣ぶりはいつも常人の想像の上を行く。五時過ぎ頃、全国各地のメディア関係の同業者たちから電話がひっきりなしにかかってきて、中央宣伝部・国務院報道弁公室・北京市報道弁公室から「氷点の停刊処分についていかなる情報や評論も掲載してはならない」「氷点の編集者が開く記者会見に参加してはならない」「騒ぎ立ててはならない」「距離を置くように」などの通知を受けたと私に告げた。続いて海外各地のメディアからの電話も途絶えることがなく、『氷点』の停刊が事実であると私の口から確認することを求めた。しかし七時になっても正式に私に知らせに来る者はなく、会社の経営幹部たちは共産主義青年団中央指導部から帰ってきてもまだ会議を開いて話し合いを続けていた。私は逆に、最後に『氷点』の停刊を知った人物となってしまった。すべての情報は、これが、党の上層部の何者かが天下の大悪事をものともせずに長い間陰謀をめぐらし周到に計画した行動であることを証明している。この行動にはいかなる憲法上そして法律上の根拠もないばかりか、党規約と党内政治生活準則に著しく違反し、またそれらを踏みにじった。

一人のプロの編集記者として、『氷点』の停刊は私が最も理解できない、最も受け入れることのできない出来事だ。なぜなら新聞は社会の公器であるし、また新聞社は定期購読者や読者と契約を交わしており、それは読者が代金を支払って購入した情報という商品であるからだ。会社には契約を履行する義務がある。たとえ個人がどうなろうとも『氷点』は期日どおりに購読者の手元に届けなければならない。しかるに、この『氷点』の停刊を決定した人間たちは、社会への影響を何だと思っているのか。数多くの読者を何だと思っているのか。大会社の名誉を何だと思っているのか。党規約を、国法を何だと思っているのか。中国改革開放のイメージを何だと思っているのか。国政を担う党のイメージを何だと思っているのか。彼らは社会の公器を個人の財産と見なし、自分たちの好きなように処置してよいと思っている。

夜七時三〇分、私は社長と総編集長が自分を呼んでいるとの電話を受けた。私に伝えられた決定は共産主義青年団中央指導部宣伝部が下したものである。袁偉時教授の論文に「根拠なし」というレッテルを貼り、『氷点』の停刊処分を公表するという「決定」だ。総編集長と私に対しては批判を通告するほか、罰金も科せられる。誰が彼らにこのような権力を与えたのか。彼らの精神のこの品性のなさには、泣くに泣けないし笑うに笑えない。

当然の成り行きとして、この話は前述した様々な背景のもとで、すでに喜劇と化していた。見てのとおり、これは「上層部」の数人が裏で操り、共産主義青年団中央指導部が舞台で道化を演じているのだ。私は社長と総編集長に向かい、今回の決定と中央宣伝部の『報道批評』のでたらめさについて理詰めで激しく非難した。そして私は正式に党中央規律検査委員会に対して今回の不法行為を告発する、と彼らに告げた。

『氷点』が停刊された日、会社には読者からの問い合わせの電話が殺到した。すでに、『氷点』の停刊を知り、憤って郵便局へ行き定期購読を解約した読者もいる。

「上層部」の何人かによる『氷点』殺しは、ずっと以前から企てられていたものである。二〇〇五年六月一日、反ファシスト戦争勝利六〇周年記念日の前夜、『氷点』は『平型関の戦役と平型関の大勝利』という論文を発表した。そこには、民族滅亡の危機に直面して国共両党の軍隊が密接に協力し、互いに組んで力を発揮し、血みどろになって奮戦した真実の歴史が記録されていた。それ以前に伝えられていたものと異なる点は、国民党将兵が戦闘において数万人の犠牲を出した戦いの過程を、主要メディアとして『氷点』が初めて客観的真実として報道したことだ。

このような真実の歴史の叙述が、逆に中央宣伝部検閲班の理不尽な批判を受けた。彼らの批判の根拠は何なのか。根拠となる何の事実もなく、「××年××出版社の中共党史××ページにある平型関大勝利の記述」に基づき、『氷点』の報道は「国民党を美化し、共産党を貶める」ものだと言うのだ。最終的に、中国の反ファシスト戦争勝利六〇周年記念の大会において、党中央総書記の胡錦涛がその記念演説の中で国民党将兵の抗日戦争主戦場での功績を全面的に肯定した。どちらが正しかったか、言うまでもない。

連戦と宋楚瑜の大陸訪問が終わるころ、台湾の著名な女性作家龍応台が『氷点』で「あなたが知らないであろう台湾」という長編の文章を発表した。文章は根拠となる資料を豊富に用いて、台湾の数十年来の変化と発展を初めて客観的に大陸の人々に紹介した。それは読者の間に強烈な反響を引き起こし、好評を博し、大陸と台湾間の人々のコミュニケーションに非常に大きな影響を与えた。しかしその文章は、中央宣伝部のある人々によって「どこもかしこも共産党に対する批判だ」として非難されてしまった。彼らの視野と心の狭さには驚かされる。

昨年の一一月一八日、党中央は偉大なるプロレタリア革命家胡耀邦の生誕九〇周年記念会を盛大に開催し、曾慶紅が党中央を代表して胡耀邦の一生の輝かしい業績と偉大な人間性について詳述して人々の熱烈な歓迎を受けた。しかし中央宣伝部のある人々は、メディアが胡耀邦を懐古する文章を発表するのを禁止した。新華社が発信した記事の発表のみを許可し、自らの手で執筆することを禁止したのだ。

冰点周刊

你可能不知道的台湾

龍応台氏の「あなたが知らないであろう台湾」が掲載された『氷点』(2005年5月25日)

二〇〇五年一二月七日、『氷点』が胡啓立の長編回想文『私の中の耀邦』を発表すると、強烈な反響が起こった。国内外の中国語メディアが次々にそれを転載し、無数のネットユーザーがこの文章を読んで感動で涙をこらえられなかったと掲示板に書き込みをした。このように社会に非常によい反響を引き起こした文章であるのに、中央宣伝部は会社に電話をかけてきて非難した。会社が「自らの手で執筆することを禁ずる」規定に違反したというのだ。これらの者たちには、胡耀邦に対するひとかけらの感情も哀悼の気持ちもない。

中央宣伝部の一部の人間による『氷点』に対する理不尽な非難や批判は他にもたくさんある。例えば二〇〇五年一一月三〇日『氷点』は記者の調査を発表し、武漢大学法学部教授周葉中の学術著作における剽窃行為を暴露した。この周教授は『氷点』の記者の取材を受けたとき、後ろ盾を頼りに臆することなく「この件に首を突っ込むな。中央宣伝部が黙ってはいないし、お前たちの総編集長も放ってはおかないぞ。」と忠告してきた。報道が発表されたあと、案の定、中央宣伝部のある者たちは鬼のような形相でそれを糾弾し、この報道には重大な世論誘導の問題があると理不尽な非難をした。

まさにこのような圧力の下、『氷点』のこの件に対する後続報道は紙面から排除されてしまった。二〇〇五年一二月二八日、『氷点』はたった三面しかない週刊紙を出すという歴史的な事態になった。中央宣伝部の一部の人々は一体何を守っているのだろうか。

そして今、彼らはついに『氷点』に対し、全ての決着をつけたのだ。袁偉時教授の論文は言い掛かりをつけるための材料で、ただの名目にすぎない。袁偉時教授の近代史研究における著述は極めて多く、知識界での影響力は大きい。袁教授が書いたこの論文が依拠しているのは史料であり、立論の基礎は開かれた理性である。論文が発表されると、またも大きな反響を巻き起こした。本来、歴史問題の議論には資料と観点の面での平等と、冷静な意見交換が欠かせない。それらがあって初めて少しずつ意見の一致にたどり着くことができる。多くのネット上での評論では、たとえ袁偉時教授の論文に同意しない人であっても、非常に真剣な態度で、大変しっかりした考証をした上で反論をする。私自身、以前それらの書き込みを袁教授に転送して見てもらったことがあるが、袁教授は読み終えたあと私に答えて、その文章は確かに非常に誠実であるし、自分は彼らの見解を真剣に検討して相応の回答をするつもりだ、と語った。これこそ正に健全な、そして正常な学術交流だ。しかし中央宣伝部の評論には、文革式の非難にレッテル貼り、権力を振りかざすこと以外に何があるというのだ。

今回の事件は我が国の報道管理体制における根本的な弊害を改めて露呈した。それはすなわち、中央宣伝部の一部の人間の狭窄な視野、狭い度量、独断的な横暴に基づく作業方式だ。元来、芸術や学術が自由活発に発展すべき政治局面で、その取締りは人々を黙らせ、消沈した雰囲気を生み出した。彼らが欲しているのは従順であり、平等ではない。中国共産党規約のどの条項が、いつ彼らにこのような権力の独占を与えたというのか。

我が国の報道管理体制の弊害については、私たちは改めて論述しよう。私たちがこの抗議文で同業者たち、読者たち、友人たちに伝えたいのは、一体何が起こったのか、それは何故起こったのか、というそれだけだ。

真実は論争を恐れない。真相は公開を恐れない。中央宣伝部の一部の人間が権力を行使し全てのメディアとインターネットを封じ込めたとしても、皆さんは必ずこの抗議文を見るであろうと私たちは信じている。あなたたちには真相を知る権利がある。

皆さんに、心からの感謝をこめて

中国青年報　『氷点週刊』編集主幹　李大同

二〇〇六年一月二五日

一一時三二分、私は抗議文をメールで十数人の友人と、その日『氷点』が出版されなかったことについて問い合わせてきた若干名の読者に送った。そして、『氷点』の編集記者全員にも送った。

インターネットを封じ込めることはできないと私は信じている。明日の朝、私は会社内部のネットワークを通して中国青年報のすべての人々に抗議文を送るつもりだ。この抗議文は必ずや世界中に遍く伝わることだろう。パソコン上でメールの送信状況を示す青色のバーが一瞬光って消えるのを見ながら、私は、怯えているだけでは何も解決しないとはこういうことだと気付いた。肩の荷が下りたようだった。

九　「胡錦涛様、〃文明〃（開明的識見）で私を説得してください」

一月二六日の朝、私はお茶を飲みながら社内ネットワークにログインし、抗議文を全ての同僚に送った。皆が出勤してパソコンを立ち上げれば最初に見ることになるはずだ。

九時過ぎ、車で出勤した。途中、携帯電話のショートメールの受信音が止むことなく鳴り続けた。全て北京のメディアの友人たちからのねぎらいや応援だった。皆、既に抗議文を受け取ったのだ。「鼠算」式に広がるとはどういうことか。ある友人が私に語ってくれた。この日彼がパソコンを開くと、なんと同時に六人の異なる人たちから抗議文を受け取ったそうだ。そして彼自身はというと、メールを受け取ったあと、即座に五〇〇人余りの連絡先にそれを同時に送信したらしい……。おそらくこの時点で、公開抗議文はすでにインターネット上に広まっていたに違いない。

案の定、事務所に入ると、海外メディアからの電話が引きも切らず、いずれもこの抗議文は私が出したものなのか、自ら書いたものなのかを確認しようとした。「その通りです」と私は答えた。

パソコンを開き、メールを受信すると龍応台からのメールがあった。彼女は『氷点』停刊事件について文章を書き、今日、すでに台湾の『中国時報』、香港の『明報』、アメリカの『世界日報』、マレーシアの『星洲日報』という中国語新聞の著名四紙に同時掲載されたとのこと。龍応台は実に仕事が早い。

添付ファイルを開きその文章を見て、そのタイトルに私は驚いた。「胡錦涛、請用文明来説服我（胡錦涛さま、「文明」（開明的な見識）で私を説得してください）」というものだった。あろうことか彼女は批判の矛先を執政党の最高指導者に真っ向から突きつけたのだ。

続いて文章を読んで私は心を揺さぶられた。龍応台は満腔の悲しみと憤りを抱き、胸中を直截に言ってのけている。一流の時事評論家・一流の自由知識人の名に恥じることなく、実に良く書かれていたのだ。

読み終わったとき、私は事態に変化が起こり始めていることに気づいた。『氷点』停刊事件は、すでに中国大陸における報道の自由という問題から、海峡両岸は何を基盤として統一するのか、という問題へと発展したのだ。つまり龍応台はいささかも歯に衣(きぬ)着せることなく、核心的問題を直言してはばからなかったのである。大陸と台湾は「同一民族」である、という前提ばかりでなく、「同一の民主的制度」を有するという原則の上でこそ統一すべきなのであり、統一が可能になるのである、と。彼女は、断固として後者を選ぶ、と宣言している。

請用文明来説服我（〝文明〟で私を説得してください）――胡錦涛氏への公開書簡

龍応台（台湾）

「胡錦涛」とは何を象徴しているのでしょうか。

錦濤さま。　馬英九国民党主席は二〇〇六年一月、国民党青年団の学生を激励するときにこんな冗談を言いました。「将来国民党青年団からも、胡錦涛のような人物を輩出したいものだ」と。これは彼が政治家になって以来、もっともいただけないジョークでした。

馬英九氏はただ単に「胡錦涛」は共青団（中国共産主義青年団）の体制の中で頭角を現した国家指導者である、と考えただけなのかもしれませんが、このような発言が出てくることを見ると、それ以上に真剣に考えたことがなかったということを露呈しています。共青団とはいかなる体制なのか、そのようなリーダーが指導する「国家」は何を重要視する国家なのか、彼の権力の源は何なのか、正当性はどこにあるのか、二十一世紀の初めに中国の政権を掌握している「胡錦涛」この三文字はどんな意味を象徴しているのか、ということを。

「胡錦涛」という文字は、もちろんきわめて高い経済成長率を象徴しており、世界を驚かせ、国民に誇りを抱かせていますが、同時に政治的自由についての指数評定では、中国は世界ランキングの一七七位です。それは「西側右派」の基準で判定したもので「中国の国情」には合わないとおっしゃるでしょう。では、社会主義の指数を使ってみましょうか。資源分配の平等さを追求するなら、均しく豊かであろうと均しく貧困であろうと、いずれも左派の中心的理想といえるでしょう。ところが貧富の格差を見ると、中国のジニ係数は〇・四を上回り〇・四五に迫っています。これはすでに社会の大動乱がおこる寸前の値です。この数字の下で、どれだけの人が思うさま物欲を満たし、どれだけの人が泥沼のような毎日を転々としているることでしょうか。

言い換えれば「胡錦涛」の三文字は二十一世紀の今、依然としてある種の逆流を象徴しているのです。民主化を求める大波の中で、それは政権を一手に独占しており、平等を求める大きなうねりの中で、それは貧富の格差を深刻にしているのです。

あなたが就任したばかりの時、人々は若々しいあなたに期待を寄せ、新世紀の人物ととらえ、あなたの精神と視野は先達たちよりも深く、広いものであると思っていました。共産党の権力革命の横暴で殺伐とした気分は、ついに人間的なきめ細かい思いやりや文化的な潤いに人知れず取って代わられた、と。しかし二年が過ぎ、私たちが見ているのは何でしょうか。

絶たれた生命線

私にこの手紙を書かせたのは、今日起こったある事件です。共青団の所属機関である北京の『中国青年報』の『氷点週刊』が今日夕方停刊処分を受けたのです。

これまでにも、非常に率直に発言し人々の苦しみを大いに伝えてきた『南方週末』が編集主幹を交代させられて面白みのない新聞に変わったり、勇敢にも事実を暴いてきた『南方都市報』の総編集長がクビになり有罪となったり、清新で意気渙発であった『新京報』が突然の粛清をうけたりと、度胸と見識を備え、実績のあったメディアがひとつまたひとつと消されてきました。すべてあなたの任期中に起こったことです。共青団出身のあなたにはきっと現在『氷点』が置かれている立場がはっきりわかっていたことでしょう。つまり『氷点』は、すべての馬が抑圧のもとで沈黙している中で、まだかすかに生きて嘶いている唯一の馬だったのです。

しかし一月二四日の今日、そのたった一つ残った生命線も断たれてしまいました。この生命線が絶たれてしまったことを『氷点』の編集者たちが正式に知る前に、『氷点』に関わるすべての文字と言葉は、すでにインターネット上から徹底的に削除されてしまったのです。

あなたが指導するインターネット警察の圧倒的な仕事ぶりには驚かされました。

龍応台さん

今日を「死刑執行」の日に選んだ理由は誰にでもわかります。春節前夜、人々はみな職場を離れ、里帰りの準備をします。新聞は娯楽記事で埋め尽くされ、テレビは華々しい番組で交歓を演出し、心温まる雰囲気や楽しさがつくりだされます。この日を選んで中国にたった一つ残った生命線を絶ち、血の流れる音は天地を覆う祝賀の歓声でかき消そうというのです。刑の執行者は足音をしのばせて退散し、春節が明けると、すべては跡形もなく姿を消していました。インターネット警察の実行力と現代メディアの利用、それがあなたが示してくださった二十一世紀型の統治テクニックでした。

インターネット警察の動きが速かったのは国民に知られることを恐れたからであり、慎重に時期を選んで手をつけたのは国際メディアに知られることを恐れたからでしょう。こっそりと実行され、思考力の限りを尽くして隠されています。そこからは政府の弱腰とおびえが透けて見えます。しかし、この戸惑っている台湾人の私に教えていただきたいのです。「和平崛起(平和的台頭)」の途上にあり、大いに立派な仕事をしている政府が、いったいどうしてこのようにおどおどとおびえを見せているのですか。

『氷点』の停刊については、実は本当に驚いている人はおりません。まるで夜中に鬼が命を取りにやってくるのを永遠に待っている宿命論者のように、早くからひそかにこの日を予測していたのです。

大陸では、あまりにも多くの災難やプレッシャーがあったことによって、良いことが長続きし、夢はかない、正義は勝つのだ、ということを信じる人がほとんど居なくなっているということに私は気づきました。私の論文「你可能不知道的台湾(あなたが知らないであろう台湾)」が掲載されたとき、すでにインターネット上では『氷点』は抹殺されるであろうというデマが四通流れていました。今日、ついに「鬼」がやってきただけのことなのです。それでは『氷点』のいったいどのような「勇敢さ」が、共産党にこのような陰険な手段で対処させるようになったのでしょう。

外国敵視による建国の美学

このたび『氷点』が封殺された原因は、広州中山大学の袁偉時教授が歴史と教科書に関して語った論文にあります。なぜならその論文は「主流イデオロギーと対立し……社会主義を攻撃し、党による指導を攻撃する」ものだったからです。そして新聞紙上の袁教授の文章は抹殺されました。いったい何を主張したことでこのような処分を受けることになったのでしょうか。

私はこの論文を真剣に読みました。袁偉時は具体的な歴史的事実に基づき、現在の中学・高校用歴史教科書には間違いが多々あることは勿論のこと、さらに深刻な非理性的イデオロギーの宣揚が含まれていることを解き明かしました。たとえば義和団について、教科書では義和団を民族の英雄として描き、その外国人に対する攻撃を美化し、義和団の残酷さや愚昧さ、非理性的・非現代文明的性格、そしてそれが国家にもたらした障害や恥辱については一文字も触れていないことなど。総合すると、教科書が若い世代に教えていることは「一、現存の中国文化が最高至上である。二、外来文化の邪悪さが既存の文化の純潔さを蝕む。三、政権或いは暴民専制の暴力によって思想や文化の邪悪さを一掃するべきであり、また一掃してよい」ということです。このような歴史観の教育について、袁偉時は非常に憂慮しています。「このような思想によって知らず知らずのうちに子供たちを感化することは、主観的意図がどのようなものであろうと、いずれも許すことのできない弊害である」と。

錦濤さま、私は知らないわけではないのですよ。共産党が秦の始皇帝や盗跖・太平天国・義和団といった歴史的脈絡を美化することで自らの権力の美学を築きあげているということを。また、いかなる政権もみな、いわゆる建国神話やトーテムを何とかして構築しようとする、ということも知らないわけではありません。――だからあなたもきっと民進党の意図をよく御存知だったことでしょう。しかし構築された国家神話の中にもし排外感情が潜んでいたら、それは必ず直視しなくてはならないリスクです。

二十一世紀という時代、もはや国境線はほとんど存在せず、地球はますます緊密な一つの村となり、互いに密接な関係になるため、互いに痛みや悲しみを共有せざるを得なくなるでしょう。中国はなぜオリンピックや万博の開催権の獲得に力を入れたのでしょうか。その目的はすなわち巨大なパフォーマンスで世界に新しい中国のイメージを売り込もうという戦略ではありませんか。中国は発展のエネルギーにあふれ、世界平和を愛し、国際的責任を担い得る大国であると。

もし外の世界に対してそういったイメージを売り込んでおきながら、ドアを閉めた屋敷の中で次の世代に対して教えているのが「中国文化至高論」「外来文化邪悪論」および義和団的哲学であるとするなら、どちらの中国が真実の中国なのか教えていただきたいものです。総書記は公明正大に大声で国際社会に伝えることがおできになりますか。

袁偉時は、教科書は史実を歪めてはならない、暴力を賛美してはならない、次の世代の中国人に自分に対する熱狂と排外敵視を教えてはならない、と述べました。こうした考え方を、錦濤さま、私たちのところでは、「常識」と呼んでいます。ところが北京では「主流イデオロギー」に違反し罪に問われる言論なのですね。それでは台湾人である私にあなたの主流イデオロギーとは何なのか教えていただけるでしょうか。

あなたの真実の顔はどれ？

大陸の知識人階層や一般読者がこの『氷点』事件についてどう考えているかはひとまずおくとしても、私のような台湾の知識人階層が感じたことを、あなたに分かち合っていただきたいと願います。龍応台のような思考を持つ人間が、台湾の考え方を代弁しているのか否か、台湾で影響力を持っているのか否かについてはご自身でご判断ください。

私は中国大陸に対して心底から暖かく厚い愛情を抱いています。それは血縁や由緒ある伝統、さらには言葉の文化から生まれています。台湾で育った私はこうした「故国のアイデンティティ」という感情線と平行して、あるこだわりを同時に重視して育まれてきました。それは生命を尊重することであり、ヒューマニズムを堅持することです。そしてその尊重とこだわりからその他の基本的価値観を形成してきました。例えば独立した人格や自由な精神を主張すること、例えば貧富の格差を拒否すること、国家による暴力を絶対に許さないこと、統治者を決して信頼しないこと、例えば知識に敬意を払うこと、庶民の身になって考えること、異なる意見に寛容であること、うそを蔑視すること……。

このこだわりを私は「価値観のアイデンティティ」である理性線と名付けます。もし「故国のアイデンティティ」である感情線と「価値観のアイデンティティ」である理性線が衝突したら、私はどういう選択をするでしょうか。何の迷いもなく私は後者を選ぶでしょう。二十年前、私は『野火』を書いて国民党の「故国」に抵抗しました。陳水扁の不当さや不義のふるまいを見て、やはり私はペンを執って徹底的に抵抗しました。李登輝が政権を握っていた時、私は彼の偽りと狭隘さを書いて批判したこともありますから、もし、私が「統一派」なのか「独立派」なのかはっきりしないというのなら、こう考えてみましょう。台湾と大陸のどちらか、私の「価値観のアイデンティティ」に合致する側、それが私の「故国」であり、どちらか私の「価値観のアイデンティティ」に反する側に対しては、私はそれを離れ、捨て、抵抗者となるのです。仮にどちらもが私の「価値観のアイデンティティ」に合致したとしたら、それは統一を検討する時だといえるでしょう。さて、私は統一派でしょうか、それとも独立派でしょうか。

このような価値観で今日の『氷点』事件を見てみると、いったい、私という台湾人が目にしたものはなんだったでしょう。

私が目にしたのは、心中深く愛情を抱いていた「血縁の故国」が、私の「価値観のアイデンティティ」のすべてを踏みつけにする国家であるという事実でした。

その国は真理をでたらめと決めつけ、でたらめを真理と決めつけ、その上このようなあべこべを制度化しています。

その国は一人前の知識階級を奴隷として扱い、奴隷根性の知識階級を召使として扱い、走狗を――ああ、その国は鞭と棒と鍵とを走狗の手に委ねてしまったのです。

西側諸国を向いているのもひとつの顔、日本に向いているのはまた別の顔、台湾を向いているのもひとつの顔、自分の方を向いているのはまた違ったひとつの顔。

その国は他人の歴史に対しては一定の基準をもって接し、自国の歴史と向かい合うときは――いや、はじめから自国の歴史と向かい合ってなどいません。その国は自分の歴史に背を向けることを選んだのです。神話を後生大事にし、見せかけの姿を創造し、本来の姿を恐れているのです。一番恐れているのは、もちろん自分自身なのです。

……

もっとお聞きになりたいですか？

私を納得させてください

私が本当にお話ししたいのはですね、錦濤さま、一人の台湾人として、団団と円円（訳注　中国政府が台湾に寄贈することを決めたつがいのパンダ、トワントワンとユエンユエン）が台北に来るのかどうかなんてどうでも良いのです。もちろんパンダは可愛くて人を和ませるものではありますが。私のような台湾人が本当に気にしているのは『氷点』の安否です。大勢の香港人が程翔という逮捕された記者の安否を本気で気遣っているように。もし中国の「価値観のアイデンティティ」というものが、鞭や棒や鍵を手にした走狗たちによってその解釈と執行を牛耳られてしまえば、自立した人格や自由な精神は、攻撃され、監視され、締め付けられる対象となってしまうのです。お尋ねいたしますが、私たちが統一について話しあいをする前提となる理由とはいったいなんでしょうか。中国に対する私の感情はやはり条件つきのものです。台湾にはまだ、熱烈に、奥深く、無条件にこよなく中国のあのどっしりとした大地を愛している人がたくさんいるのですが、あなたはいったいどういう手をもちだして統一を口にすれば、そうした人たちが嘲笑されたり呪詛されたりすることがないと思っていらっしゃるのでしょうか。

肝心なのは団団と円円ではないということはお分かりなのでしょうか。これまでもずっと論点は民進党にあったのではない、ということはお分かりなのでしょうか。

重要なポイントが『氷点』という実際に起こった小さな事件の中にはあるのです。なぜなら、はっきり言えば錦濤さま、あなたがメディアの独立を認めるか否か、知識人階級を尊重するか否か、あなたがどんな態度で自らの歴史に向かい合うのか、どんな手法で人民に対応するのか、ひとつひとつのどんな些細な決定ですら、すべて「文明」の二文字にかかっているのです。野蛮な状態を経験した私たちは、文明的であること、開明的であることを問題にせざるを得ないのです。

どうか「文明」を以て私を納得させてください。あなたのご意見を、誠心誠意傾聴させていただきたいと思っています。

この書簡から、『氷点』の停刊という些細な事件が、なんと両岸統一における真の基本的問題を引き出し、中国大陸の国策の核心に影響していることがわかる。これはきっと中国当局の予見を大いに逸脱しているだろうし、また大陸の読者の強烈な反響と思索を引き起こすだろう。——両岸統一という大きな問題において、「血は水よりも濃い」式の同胞の情を強調し、経済利益の相互補完性を強調するだけで十分なのか、と。

この文章は中国の報道史上の力作となるばかりでなく、両岸統一史上における記念碑的文献となるだろう。その発表のタイミング、台湾の作家であり自由知識人である人物のその正大で剛直な精神によって。

はたして一月二七日、台湾当局は反応を示し始めた。劉徳動台湾大陸委員会副主任委員は『氷点週刊』停刊事件について、メディアは人民が意見を表明し、情報を受け取るための多元的パイプの一つであるから、報道および言論の自由が世界共通の価値観であるということの重要性を中国が理解してくれることを願う、という談話を発表した。両岸社会に照らして言えば、報道の自由と言論の自由という部分において、基本的権利と世界共通の価値観はすべての人民にとって非常に重要なものであり、それは人民に、意見を表明し情報を受け取るための多元的パイプを提供しているのである、と。——これは台湾当局による龍応台の文章に対する肯定的評価である。

異なる政治環境や異なる言語環境によって、龍応台の文章は台湾のメディアから「馬英九を批判した」として一時騒ぎ立てられた。龍応台は苦笑するしかなかった。しかし馬英九は政治家の風格を示し、龍応台の文章はよく書けている、と公に称賛した。

事件は瞬く間に国際組織の関心をも集めるようになった。「ジャーナリスト保護委員会（ＣＰＪ）」ニューヨーク本部は『氷点』の停刊は悲しむべき暗示であり、中国の言論の自由は依然として幻影である」という声明文を発表した。

国際メディアの報道も活気を見せ始めた。私の公開抗議文の英語版・ドイツ語版・日本語版・スペイン語版はいずれも内外の友人が保存版としてファックスで送ってくれた。友人たちによれば、翻訳は大変適切ですばらしいとのことだ。

このころ、盧躍剛が海外メディアの取材を受けて抗議の声を上げ始めたのを、インターネットや放送で見たり聞いたりすることができた。私が反撃行動を開始したという知らせを受けて、彼は翌日もう居ても立ってもいられずに、現地でインターネット封鎖を突破して抗議文を読み、すぐに私の意図を理解し、それに合わせて対外的発言を始めたのだ。彼が自ら進んで戦車に乗ってくれたことに私は深く感動した。

一月二七日午後、中国青年報党組織書記と王宏猷社長が、私に、自制し冷静を保つように、「海外の敵対勢力に利用されないように」と言いに来た。私はすぐさま主張した。私本人は事件を引き起こさないようにと極力配慮したのであって、事前にあなた方に「緩和策」を提起し、事を大きくせず、党や国家のイメージにまで影響を及ぼさないようにと考えていたのだ。それをまさに中宣部と共青団中央の少数の指導者が、憲法も法律も顧みずに我を通し無理やりこういうことをしたのだから、彼らが必ずすべての責任を負わなければならない、と。

王社長は私の話を事実だと認め、言葉に詰まった。続いて、このことはすでに「海外の敵対勢力」に利用されている、とほのめかした。根拠があるのか、と私が尋ねると、君の抗議文は朝八時過ぎに社の内部ネット上に掲載されたのだが、法輪功のサイトでは夜中の二時にはすでに掲載されていた、と言った。――私が事前に送ってあったのだろう、と言おうとしているのは明らかだった。

私は厳粛に彼に告げた。私は「異なる政治的見解を持った人間」などではない。胡錦涛の打ち出した「新三民主義」「以民為本(民を第一に考える)」を完全に支持し、「党全体で憲法の権威を擁護する」「いかなる政党・組織・個人といえども、憲法と法律を越える特権をもたない」という思想を支持しているものだ。今回の事件については、憲法と法律に基づき、党の規約や党内の政治生活の準則に基づいて、抗議と説明を行ったのだ。

これは私たちの正当な権利で非難の余地はない。抗議文がどのようにして法輪功のサイトに載ったのか、私には分からないし、それを防ぐこともできない。インターネットの時代に情報がいたるところで転載されるというのはごく正常なことだ。海外の中国語サイトは私の知るところでは少なくても百を数える。どうしてわざわざ「大紀元」を選んで話を持ちかけることがあろうか。その他のサイトには載らなかったとでもいうのか。それともすべての海外中国語サイトはみな「敵対勢力」なのか、と。

王社長は話題を変えた。龍応台の文章はもし新聞に載るのが先だったら、インターネットに掲載されるのは朝六時前後のはずだが、夜中の三時すぎにはもうネット上に流れていた、という。

私は笑った。どういう意味ですか、まさか私がアップしたのだということにでもするつもりですか、まったくばかげていますよ。

王社長は黙っていた。もちろん、彼自身が一晩中一睡もしないで内外のサイトの動静を見張っていたわけではなかろう。関係部門が彼に情報を伝えたにすぎないのだ。このことは、すでに国のシステムが動き出し、全方位的監視がスタートしていることを表している。私の電話や携帯はすべて盗聴され、電子メールまでもが監視されているということも十分あり得ることだった。

これは私にとって、願ったり適ったりのものであった。我々の方は正々堂々としており、公開されることを望んでいるのであり、恐れることなど何もないのである。ドブネズミ同様に暗い所で動いている特務機関こそ暴露されることを恐れているのだ。

その日の夜、私の母親が電話をかけてきた時、「この電話はモニターされているのではないか」と突然気になった。いたずら心がふと沸き起こり、「おい、バカ野郎ども、お前らはこれを盗聴しているんだろ？　度胸があるなら何か言ってみろ！」と送話器に向かって叫んだ。

母親はたちまち笑いこけていた……。

十　陽はまた昇る！

『氷点』を封じ込めるということは、もちろん編集記者が法に則って仕事をする権利を侵害しているのであるが、やはり根本的には中国青年報の定期購読者と愛読者の権利を侵害する行為である。多くの定期購読者は『氷点』を読むためにこの新聞を定期購読しているわけだが、「申し訳ありません」の一言も言えぬまま、『氷点』は消え失せてしまったのだ。

『氷点』停刊の半月前、河南大学の教授が私に電話をかけてきて、二〇〇六年も継続して購読するかしないかについて長いこと議論をした。彼が言うには、新聞は通常の場合、新年度になると改版をする。『氷点』の内容は一貫して政治的に微妙なものであるが、発行を取り消されるなんてことはないだろうか、もし『氷点』がなくなってしまうのであれば、新聞の購読継続は決してしない、というものであった。その時私は、安心して定期購読してください、読者が気に入っている紙面を改版させられるというようなことは絶対にありえません、と自信満々に彼に言った。彼は、分かった、君のこの一言が得られたのだからすぐに郵便局に手続きに行く、と言ってくれたのに。ああ、本当に慙愧の念に耐えない。事ここに至ってはどの面下げてあの教授に会えるというのか。

『氷点』の読者はいったいどのように感じているのだろうか。数百にも及ぶ手紙と数え切れないほどの電話の内容をここに書き出すことは不可能である。しかしその中のある電話はとても心に残るものであった。

「もしもし、『氷点』編集部ですか？」

「そうです。私は編集主幹の李大同です」

「李編集主幹、私はあなたを信奉する読者です。今日出るはずの『氷点』はどうして出なかったのですか？」

「申し訳ありません。『氷点』は本日をもって強制的に停刊となってしまいました」

「何ですって⁈……」相手はとても驚いた様子。沈黙。そして突然の怒り。「どこのくそったれが仕出かしたんだ⁈」

「中央宣伝部と共産主義青年団中央のそれぞれの幹部が命令を下したんです」

「言いなり野郎どもが！　中宣部の電話番号を教えて！」

「すみません。私は知らないんです」

「じゃ、共青団中央の電話番号を教えて！」

「これも知らないんです。彼らとは今まで付き合ったことがないもので」

「あんた達の編集長の電話番号は？」

「あ、それなら分かります、それは……」

この読者が総編集長の李而亮に対してどのように怒りをぶちまけたのかは分からない。

ここでまた読者の手紙の中から老人・中年・青年の三つの世代を代表するものを選び出し以下に紹介したい。

私たちはどうして定期購読を止めるのか？

私たちは二人とももう少しで八十歳を迎える年齢だが、偶然『氷点』に掲載された龍応台のあの大論文「あなたが知らないであろう台湾」（訳注　原題は「你可能不知道的台湾」）を読んだこと、またお隣さんがこの週刊のことを些か紹介してくれたこともあり、郵便局に出向き自費で『氷点週刊』を定期購読しようとしました。しかし郵便局は『氷点』だけを定期購読することはできないというので、見たところ私たちの年齢には似つかわしくない青年報を定期購読することになりました。実際のところ、私たちを虜にしているのは、やはり主に毎週水曜日に出る『氷点』のあの四ページの紙面です。そこに掲載される文章は、大体どれもとても長い文章ですが、一息に読み終えたいと感じさせるものばかりで、時には読みすすむうちに熱い涙が目にあふれるのを禁じえないこともあります。

『氷点』の魅力は、なめらかな文章で叙述されている人物や事件にあるだけでなく、我々庶民が関心を持つ社会の現実を書いているところにあります。更には行間において『氷点』の同志諸君が暗闇を切り拓き、正義を守り、思い切って本当のことを語ろうとする道義的勇気と歴史に対する責任感を訴えているので、私たちは最近では滅多にお目にかかれない人格的な安堵感を得ることができ、これまたなかなかお目にかかれない心の和みを感じることができるのです。そして『氷点故事』を読んでそれぞれの文章が世に出た経緯やそれぞれのスタッフの努力の足跡を理解しました。私たち二人も以前は新聞出版界で些か厄介になった老人ゆえ、そうしたことに対し、より強く感動したり嬉しくてほっとしたり、李大同氏と盧躍剛氏をリーダーとする『氷点』チームのきわめて貴い精神と意志に、より一層の敬意を払うのです。私たちは友人たち（多くは私たちと同じ年回りの人たち）に『氷点』や『氷点故事』を読むよう薦めています。そして読んだ人間は皆感動し称賛を惜しまないのです。

本当に思いもよりませんでした——実は気づくべきだったのですが——こんなにも品位があり、質が高く、多くの読者が歓迎する『氷点』が、新年を祝う平和そのものの雰囲気の只中で強制停刊となるとは！あたかも風で舞い上がった黄砂が太陽を覆い隠したかのようで、私たちは背筋がぞぉーっとするような寒気を感じたのです。

絶対的権力を握る人たちは、「調和のとれた社会」を建設しようと声高らかに論じていますが、元来本当の意味での調和など欲しくはないのでしょう。そうでなければ、どうして真実を語るちっぽけな週刊誌の発行を許すことができないのでしょうか？　まさか嘘で固められた調和になんらかの価値があるというわけではありませんでしょうね？

ここに至り、私たちは停刊の報を聞いたその日、直ちに郵便局に行き新聞の定期購読をキャンセルしました。それによって私たちの怒り、悲しみ、遺憾の意を表し、また氷点同志諸君の、節度を堅持し「正義のために命を投げ打つ」悲壮な覚悟に対し深い敬意を表します。

程迺欣　鄭海天

二〇〇六年一月二五日

このお二人の老人は、一人は中国社会科学院研究生院学報の元副編集長であり、もう一人は英語版『中国婦女』のベテラン編集者で、いずれも既に退職されている。

北京市第二中級人民裁判所の読者から送られてきた手紙

尊敬する李編集主幹

たった今貴方からの返事を受け取り、私はパソコンの前に座ったまま長いこと言葉を失っていました。このようなニュースは『氷点』の読者にとっては天地が崩れるほどの大事件です――これにより、読者の心の中で大きな空間を占めていた精神のふるさとを本当に失うことになるのでしょうか？

煙草に火をつけ、自分の心をできる限り落ち着かせようとしました。自分を騙し人をも騙して自分に言いたかった、これは――貴方が私に冗談を言っているのだ、と――でもやはり落胆しました。火の着いたタバコの吸殻が私の左手人差し指と中指を痛いほど熱くした瞬間、パソコンの前にいる自分がそんなにも自失していることに初めて気づきました。腹が立つのを抑えきれず、受話器をつかみ、この不幸なニュースを私同様『氷点』に関心を抱いている周囲の友人たちに伝えました。彼らも私と同じように信じられず、信じたがらなかった。しかし最後には――私が貴方の抗議文を彼らに転送した後には、彼らは口をそろえて次のようなことを言いました。

――これから新聞紙上で何を読むことができるというのだ？　と。

ここに至っても、私はやはりこんな悪いニュースを認めたくないのです。このニュースは本当なのですか？

申し訳ありません。貴方からの返信を読み終えて既に三時間以上が過ぎてしまいました。私の気持ちは異常なくらい複雑で、今夜、どんな夢を見てこの二〇〇六年初春の最も耐え難い長い夜を終えようとするのか自分でも分からないのです。

どうか私に言ってください、私たちに約束してください、いつもの如く明日も太陽は昇ると！

すべての『氷点』の読者を失望させないで！！！！！！！！！！！！！

私たちは決して平気で罵り言葉を口にするような人間ではありません。しかし、今この時は……？？

気落ちしないで下さい。我々が道を歩いている時にレンガのかけらに出くわした！蹴飛ばし、のけろ！

道はまだ遠くに向かって延びている！！！　私たちは永遠に貴方と『氷点』の支持者です！

裴燁と『氷点』を愛するすべての読者より

『氷点』の馮・記者と同名の十七歳の高校生からの手紙

たった今氷点停刊のニュースを聞きました。

午後に友だちから、氷点が停刊を命じられた、とのショートメールを受け取り、ずっとぼーっとしていました。とても信じられません。中国青年報、彼らまでもが！！

すぐに貴方のブログにアクセスし、友だちが言ったことが本当だと知りました。

中国青年報は私たちのクラスでとっている唯一の新聞です。

クラスのリーダーの言葉を借りれば、その他の新聞はどれも中国青年報に及ばない……。

でも余りに突然に。氷点が無くなってしまいました。

新学期が始まり、クラスメートが新聞を争って読もうとした時に、彼らが先を争って読もうとする『氷点』が消え失せているということに気がつくなんて想像もつきません、何という皮肉でしょう。

机の上には李大同さんが書いた『氷点故事』がまだ置かれたままです。冬休みに入る前にクラスで見た最後の『氷点』を今でもはっきり覚えています……今の自分の気持ちをどう表したらいいのか本当に分かりません。

二〇〇四年九月一三日、北京大学の電子掲示板サイト「一塌胡涂（メチャクチャ）」が閉鎖された時、私は泣きました。そのＢＢＳ（訳注　電子掲示板のこと）では一年弱しか活動していなかったのですが、それに対して既にとても深い愛着を感じていました。その後すぐ、「水木清華」（訳注　北京清華大学の電子掲示板サイト）と「小百合」（訳注　南京大学の電子掲示板サイト）が実名投稿制度を実施した時に、クラスの中の既に清華大学のコンピューター科に推薦入学が決まっていた男子生徒が、コンピュータールームでキーボードを投げつけたのを目撃しました。

続いて、趙紫陽が亡くなり、私たちがＱＱ（訳注　中国語のチャットソフト）でこのニュースを語り合っていた時、驚いたことにこの名前がシステムによって既に消されてしまっていることを知りました。

そして今回、閉鎖されたのは『氷点』でした。堂々たる中国青年報の『氷点』です。

なぜですか、こんなのありですか?

こういうことはもとからとても多く、ただ以前は自分が幼くて知らなかっただけなのでしょうか、それともここ数年突然多くなったのでしょうか? 私には分かりません。

政治の時事放送の授業の時に、放送担当のクラスメートが、今の教育部長が周済だということは皆、知っているか? この人はね、そんな良い人ではないよ……(この後に続けてこの大臣がどんな事をやったのかを述べた)と話したことを今でも思い出す。

普通の高校生が自分の見聞にもとづいて、教育部の部長は良い人ではない、というような結論を得る。彼の観点が正しいかどうかにかかわらず、こうしたこと自体が、この国はどこかに問題があることを説明しているのではないか、といつも感じています。

十一歳。『氷点』は十一歳で死んだ。

しかし今回は、一年前北京大学のサイト「一塌胡涂」が閉鎖された時に涙を流したようなことはもうしない。

中国の言論の自由は、本当にこんなにも遠く手の届かないところにあるのでしょうか?

今大人になりつつある私たちは、真実を話す世界が無いということにどのように相対していかなければならないのでしょうか?

『氷点』の一員として、あなた方の複雑な心情が私たちのような読者には想像しがたいことだということは分かります。

でもあなた方の読者は永遠にあなた方と一緒にいるということを伝えたいだけなのです。とても時代がかった言い方ですが、歴史は真相を記録する、です。

それでも、中国はいつまでもこうではないと信じています。

私たちはすべてこの国の子どもですから、私たちは皆、こんなにも自分の国を愛しています。国は苦難をなめつくし、かつては満身創痍となったが、しかし私たち——私たちというすべてのその子どもたちは、努力して自分たちの母親をもっと美しくしていくでしょう。

すべての善良な人々に、すべての良識ある人々に、あなた方のように、すべての責任感のある、真実を語る勇気のある人々に、平安を心より祈ります。

馮・

中国青年報を見守り続けて三十余年になる読者からの手紙

尊敬する中国青年報『氷点週刊』の友人諸君

この暗黒の時、『氷点週刊』が不法に停刊とされたこの日に、三十余年中国青年報を見守り続けてきた一人として、また若い頃この新聞のために原稿を書いたことのある読者として言いたい。私の心は君たちとしっかり繋がっている。

これは暗闇の訪れであり、また白日の下で行なわれた悪行でもある。もしも時間が本当に四十年前、五十年前に遡ったのであれば、人々の受けとめ方はきっと見て見ぬふりというものだったに違いない。しかし、これはまごうかたなく四五十年前の中国で起こったことではないのだ。まさか今年の初春の寒波は、歴史が後退することの予兆だったということではあるまい？　それゆえに人々は驚愕し、心を痛めたのだ。

なぜなら、私たちが以前有していた記憶は決して消し去られたわけではない。文革やあらゆる政治運動の手法を用い、レッテルを貼り、むやみに批判する手法で学術論争や思想問題を解決しようとして、良い結果が得られたことはないのだ。今回の事件は、私たちに、言っていることと考えていることが違う政治家の陰険悪辣さを見せつけることとなった。実際のところ、彼らの念頭には始めから国家利益などというどうしても譲れないぎりぎりの線があるわけではなく、ましてや今回のことでこの国がどれほど大きな損失を蒙ることになるかなど考えたことすらないのだ。

これはいわゆる「調和のとれた社会」を建設する中で起こった矛盾である。権力を掌握するこれらの人々の考え方や見方は今もって文革時代に留まっている。これは彼らが歴史に対し最低限度の畏敬の念すら欠いているからであり、また現在の世界において、どのように一つの国家を治めるかは決して自分の国の事情だけで決めるものではないということに考え至っていないからである。一回の逆流が起こした軽率なる行いは、多分多くの労苦を積み重ねて築きあげた国の成果を水泡に帰することとなるだろう。「氷点事件」がもたらした連鎖反応や消極的影響に関しては、私たちは刮目して見守りたい。

『氷点週刊』の友人諸君、君たちは良識と正義を代表する闘士であり、本当の愛国者である。君たちはこの国と人民に恥じるべきところなどなく、歴史においても恥じることなどない。この寒気もしまいには過ぎ去るはずで、明日の太陽はいつものように地平線を越えてくるだろう。厳正な歴史の前では、潮流に反している限りいかなる動きも最後には思い通りにいかなくなる。当事者が最終的に目にするのは、絶対に彼らが目にしたくないものである。

我々は諸手をあげて明日の太陽を迎えよう。中国のデモクラシーと幸福は最後には到来するはずである！

崇高なる敬意を表しつつ

読者　林木

十一年の間、こうした読者からの真剣な議論や批判を含む無数の手紙があったので、私は疲労困憊した心身を奮い起こしてこられた。心のバランスが崩れそうな時でも歯を食いしばって耐え抜くことができた。中国の前途に絶望を感じた時、こんなにも多くの、冷静で、正直そして善良な人々に出会い、まだ希望があると感じていた。もしも彼らの為でなければ、私たちのあらゆる闘いはすべて源のない水の流れ、根のない木になってしまうのだ。

十一　私たちは決して孤独ではない

今回の事件において、何か、長く私たちの心に刻まれた人物や動きがあったかと言うと、それは私たちがこれまでずっと尊敬してきた党内・報道界の大先輩たちである。今回はほとんどすべての人が公然と立ち上がり、法律に基づいた私たちの闘争を支持してくれた。これは一九四九年以来これまで起こったことのない出来事である。

一月二〇日の午後、丁度『氷点』が停刊となる四日前に、中国青年報の昔の編集長で、一九八〇年代初めに中央宣伝部新聞局長をなさった鍾沛璋氏が私と盧躍剛と賀延光を自宅に招き雑談をし、夜は家庭料理で歓待してくれた。長いこと会っていなかったこともあり、私たちは夜十時過ぎまでずっと話していた。鍾沛璋氏は既に八十の高齢であり、私たちは彼の休息を考え、暇乞いをした。

鍾沛璋は一九五〇年代に中国青年報の副編集長を務めた、著名な社説執筆者であり、また当時中国共産主義青年団中央第一書記であった胡耀邦がとりわけ重用した「文章家」の一人であった。一九五九年反右派闘争の際、不幸にも「右派」の烙印を押され、以来不遇をかこつ。一九七八年に名誉回復・職場復帰した後、共青団中央での仕事以外にも中国青年報の常務副編集長を兼務した。正に彼が直接指揮を取る中で、当時中国青年報の一面トップ記事の位置で一介のコックが商業部の王磊部長を批判するルポが発表された。翌日になると、人民日報を含む全国のあらゆる新聞がこれを転載し一時国中を揺り動かした。彼は定年退職後も意欲は衰えることなく、壮大な志を抱いて、自ら資金を集め、雑誌『東方』を創刊した。僅か二、三年の間に国内外の知識層から高い評価を得るが、後にこの雑誌は「ブルジョア自由化に著しく偏っている」と非難され、当局により強制的に停刊させられた。私は一九七九年に中国青年報の記者となって間もない頃、彼から高い評価を受けた。一九八九年以後、私が浪人生活を送っていた時には、世間から何と言われるかなど全く気にもせず、彼自らが表に立って私を編集長の任に就かせ、共同で『東方』を発行した。私個人にとって彼にはまさしく知遇の恩がある。

最も感慨を覚えたのは、中国共産党中央政治局員であり中央宣伝部部長であった丁関根が一時権力を笠に着ていた時に、彼が政治的リスクを顧みず、丁が一九四九年以前に国民党の「三青団」の為に働いていた、という歴史的問題を共産党中央に対し指摘したことである。その後、上海交通大学の同窓生仲間と集団で時の党中央総書記であった江沢民と会見した際にメインスピーカーを務め、江沢民に対し早急に政治体制改革を推し進めるよう進言した。残念なことにその提言は未だ実施されていない。

この齢八十を超える老人が、後輩である私たちが帰宅するのを見送った後で全く休息を取らなかったなどとは思いもよらなかった。翌日の午後、私宛てに書かれた彼からの手紙を受けとったのだ。

大同、延光、躍剛三氏へ

昨晩お話をし、君たちが、我国の現実に対して非常に明確な認識を持ち、自分の仕事に対しても熱い気持ちを持っていることを知り、大変嬉しく、また、元気が出てきた。自分の若かりし頃のさまざまな想い出が、次から次へと浮かんで、夜眠ることができなかった。

君たちが歴史について語った時、私は自分の一生を振り返り、今まで自分が消極的すぎたことは無かったが、しかし、自分たちはもう年老いた、と思わざるを得なかった。我々の世代は今、次々と歴史の舞台から降りているところであり、私とほぼ同い年の李慎之氏もすでにこの世を去ってしまった。そして人々が非常に尊敬している、李鋭・李普・績偉など数名もすでに九〇歳台になった。だから、間違いなく君たちは我々の希望なのだ。過去の困難な時代に人々は常に「一分の熱意があれば一分の光を発する」という精神で互いに努力した。しかし、君たちは今間違いなく「火が天の一隅を照らす」ようにすることができるのだ。

君たちに対する一つ目の希望は、自分たちを絶えず進歩させていることである。君たちは年が若く力がみなぎっており、大いに力を発揮できるがしかし、やはりいずれは「五十を過ぎてしまう」のである。だから、歴史の中での責任において、新しい人材を絶えず見つけ、育てなければならない。光栄にも大同氏の『氷点故事』では「大編集者の知遇の恩」の一節で、私の「故事」を取り上げていただいた。私は、君たちが、必ず私より一層素晴らしい仕事をすることができると信じている。『氷点』が独立した出版物となり、紙面を拡充し、より大きな世界を得るようになれば、より多くの人材を養成していくことができるだろう。

二つ目の希望は、絶えず書き手を増やすことである。多くの人が薪を拾ってこそ炎は高くなる。我国の新聞・雑誌の歴史をひもとくと、良い新聞・雑誌には例外なくすべて、進歩する力が凝結している。『氷点』は、社会的観察という特色をもった総合的な雑誌として刊行されてよい。それを可能にするためには何事にも対応できるように、各々特長のある記者陣容を結束させなければならない。

三つ目の希望は、志を同じくする者たちと連携し、団結することである。広大な中国には、絶えず希望の火種は燃えているものの、また、絶えず専制的な力に消されてしまう。言論、出版の自由を喚起して、明るい空のように伸び伸びした世の中にするために、その責任は重く道のりは遠い。だから、団結し、協力して、互いに励まし合い、助け合わねばならない。

四つ目の希望は、さらに成熟し、熟達した出版体験を強固に積み上げることである。『氷点』の十年間の苦労により、すでに「大新聞の編集者はいかにして中国を報道するか」という豊富な経験が積み重ねられてきた。しかし、負担はさらに重く、リスクはさらに大きく、また、より一層の成熟と熟達が必要である。その中で、中央から地方に至る体制内のプラスの要因・プラスの力をうまく利用し、いかにして現行の法制下で出版を守り続けていくかについてますます気を配らなければならない。

以上思いついた数点が参考になれば幸いである。

送付した二冊の『一席談』は、延光氏と躍剛氏にそれぞれ贈呈する。我々二世代間の交流として、君たちの大作を読んで、私の年老いた頭に新しい活力が芽生えることを願っている。

それでは。

鍾沛璋　二〇〇六年一月二十日

この手紙で鍾沛璋氏は何かを予感されているかのようであり、「負担はさらに重く、リスクはさらに大きく、また、より一層の成熟と熟達が必要である」と書かれている。わずか数日後、にわかに騒ぎが起こり、『氷点』

停刊事件が発生した。

元々我々は、公開抗議文を広く世の中に播いた後、もし支持と声援が得られるとすれば、まず同業者である中国新聞界の若い世代から来るだろうと思っていた。しかし、最初に立ち上がって中央宣伝部を毅然と批判したのは、なんと八十六才の元新華社副社長の李普氏であった。一月二七日、彼は、自由亜洲電台（自由アジアラジオ放送局）に談話を発表した。

自由亜洲電台の報道は以下のようであった。

『氷点』停刊はちょうど春節休暇の時期にあたっており、元新華社副社長の李普氏は、中宣部が『氷点』を停刊したやり口を厳しく批判し、かつ、胡錦涛主席に中宣部の是正をするよう呼びかけた。

『氷点』停刊後、国内外で広範な反響が沸き起こった。ある支持者は「氷点ブログ」を立ち上げ、批判された『氷点』の文章を数編貼り付けた。例えば、袁偉時教授の「現代化与歴史教科書（近代化と歴史教科書）」や龍応台氏の「你可能不知道的台湾（あなたが知らないであろう台湾）」などである。しかしながら、大陸でこのようなブログを見る方法はないという。

我が社は金曜日に元新華社副社長の李普氏にインタビューした。彼は『氷点』が封じ込められたことに対する見解を語った。『氷点』の編集者たちは優秀なジャーナリストであり、国家に対する誠意をもち、社会の末端に目を配り、メディアの監督責任を果たした、と称賛した。しかしながら粛清を受けたことは本当に不合理だ、と李普氏は語った。

「私は『以胡錦涛為首的中共中央整頓中央宣伝部（胡錦涛をトップとする中国共産党中央部が中央宣伝部を正す）』というテーマで文章を書く準備をしている。私は『氷点』を支持する。『氷点』は全国記者協会によって名コラムであると評されている。今、『氷点』を停刊させるというのは中宣部の全くの間違いであり、いつもこうなのだ。中宣部の犯した罪は今回の件だけではないので、私はこの文章を急いで書き、中宣部を正さなければならない。中宣部はますますだめになっている」

「編集者の仕事を尊重もせず、読者をも尊重していない。出版物の善し悪しは読者に論じさせればよいではないか。ある意見が正しいかどうかはみんなで論じればよいではないか。言論の自由でかたがつくのだ。『氷点』に意見があるなら、袁偉時氏の論文に意見があるなら、自分たちの意見を発表すればよいではないか。どうして立ち上がって弁論しようとせずに、自分の権力を利用して人々を封じ込めるのか。誰が中宣部にこのような権力を与えたのか。誰が誰に許可したのか。だから私は胡錦涛をトップとする中央政府に呼びかけ、是正をお願いする」

勇気ある発言をしたメディアが次々と短期間のうちに粛清されたことに対して、李普氏は当局の意図を、体制批判を真似る者への見せしめである、と分析している。このやり方は同時に、民衆が、とりわけメディア関係者が現政権に抱いていた幻想を打ち砕いた。

「もし、もう少し何とかなるだろうと思っていたとしたら、それは幻想である。(ではメディアはこれからどうするのか?)やはり批判し続けなければなりません。今のままで終わることはあり得ないと私は信じている」

李普氏は、当局の言論に対する管理政策はずっとこうだったと考えている。しかし、たとえ文革の時のような厳しい抑制の下でも、情報の伝播や人々の思考が停止するということは無かった。いわんや現在は、科学技術がこんなに進歩しているというのに。しかし、当局はまだ、旧態依然とした抑圧方式を踏襲しており、実にあさはかだ、という。

「科学技術の進歩によって、ますます言論封鎖は難しくなっている。仮に一億人のインターネットユーザーがいるとすると、その後ろに、一億人の警官が立っていなければいけない。中宣部はどうしてこんなに愚かなのか。恐らく自分自身でも、全力で抑圧をしてもいつの日か続かなくなるとわかっているはずだ。中宣部はとても多くの人を怒らせている。実に愚の骨頂だ」

スピーカーから聞こえてきた、湖南省出身のこの老紳士の声は大きく朗々として力強かった。以前、粛然と尊敬の念に打たれる思いで彼の逸話を聞いたことがあった。——ある会議で、主催者が来賓として李普氏を紹介し、彼の肩書きを述べている時、彼は煩わしさに耐え切れなくなり、主催者の紹介を遮って、「記者李普！（新聞記者の李普です）」と大きな声で言ったのだという。

この四文字には前世代のジャーナリストの孤高さ・実直さおよび職業に対する誠実さが十分に表れているといえよう。

一月三一日、またもや大物の老人が登場した。李鋭氏である。彼はかつて毛沢東の秘書を務め、引退前に中央共産党中央組織部常務副部長と中央委員を務めた人物だ。

自由亜洲電台の取材を受け、李鋭氏は次のように批判したという。中宣部が『氷点』を強制的に停刊させたことは世論の封殺であり、政府を監督する眼の不足を招くだけだ。これこそまさしく、中国の汚職腐敗の横行の主原因である、と。

李鋭氏は次のように指摘した。

世論の封殺は中宣部の長年のやり方であり、毛沢東時代から続いており、現在までまだ改善されていない。中国というのは共産党の国であり、一つの意見だけしか認められず、反対意見の存在は許されない。

我々は言論の自由を要求し、人々が憲法を尊重し、政府が法に基づいた政治を行い、「調和のとれた社会」を口先だけの話にせず、「以人為本(人を持って主と為すこと)」を要求する。民主的な憲法を口先で唱えるだけではなく、法に基づいた政治を行い、まず、言論の自由を真に保証すべきである。

中国の現実というのは、憲法はあっても憲法に基づいた政治は無いということだ。これはかつて一九四九年以後、あるいはさらにそれ以前にこうした専制がもたらされた根本的な原因である。一九四九年以後、文革に至るまでの政治運動は、すべてたった一人の話、たった一人の思想によってなされ、その他のあらゆる人の意見はすべて封じ込まれていた。

このような背景の下でも、党の内外で、様々な状況の進展、とりわけ経済と政治および現代化への歩みに対し、人々は皆多くの正しい考え方を持っていた。しかし、こうした正しい考え方が表に出ると、すぐに封じ込められるか、政治運動の中で批判され、吊るし上げを喰らい、多くの人々がたちまちひどい目に遇わされた。このような状況は、四人組が失脚し、鄧小平が復活して、いくらか好転した。中国共産党第十一期三中全会は歴史問題について決議し、改革開放を始めた。しかし、この改革は決して全面的なものではなかった。わずかに経済分野では改革開放が進んだが、政治体制には同じような進歩は無く、それゆえいまだに同様の問題が発生している。この問題について、老年、・中年・青年の三世代、党の内外・国の各部門・上から下まで・下から上まで、人々は皆多くの意見を持っていると私は見ている。しかし現在、すべてのメディアはおよそ少しでも異なる意見、あるいは「国家の安定」や中央の一部の同志の意見と相違があると認められるとすぐに封じ込められる。

中宣部には各地方の新聞・雑誌を調べる専門の部署があり、自分たちに都合の良くない見出しを見つけるとすぐに封じ込める、ということを聞いたことがある。私自身もこの種のことに遭遇してしまったことがある。私と他の古い仲間たちは、これに対し非常に憂慮している。

新聞の発禁処分が続き、言論の自由も出版の自由も無いとすれば、国家の民主化を実現する方法はないし、市場経済も経済改革も全うできない。現在の中国の腐敗の横行も、根本の問題はまさしくここに存在するのだ。

李鋭氏はすでに八十九歳だが、舌峰は依然健在である。彼の最も尊敬すべきところは、自分自身の長年にわたる特別な立場と経験から、歴史上に「たった一冊しかない本」を書いたところにある。例えば『廬山会議実録（廬山会談実録）』や『胡耀邦去世前最後一次談話（胡耀邦生前最後の談話）』などである。もし彼でなかったら、多くの貴重な歴史上の詳細について、知る人がなくなってしまっていただろう。二〇〇三年、新しく創刊された『二十一世紀世界報道』は李鋭氏の中国政治体制改革に関する長編の独占インタビューを掲載した。これは中国のメディアではめったに見られない、政局をおおっぴらに批判し、最も遠慮なくはっきりとモノを言った報道だった。この新聞はすぐに停刊させられた。これ以後李鋭氏は中宣部の言論封じ込めの「ブラックリスト」に載り、彼の文章や言論は新聞に掲載されなくなった。

二〇〇五年一一月二三日、著名な改革派の高官で、元広東省党委員会第一書記の任仲夷氏に追悼を捧げる機会を借りて、『氷点』は李鋭氏への封鎖を破り彼の独占インタビューを掲載し、それと同時に他の一文も掲載した。彼は『氷点』のインタビューを受けた際に次のように述べた。「現在腐敗の抑制がうまくいっていない根本的な原因は、権力に対して有効な牽制ができていない点にある。立法・司法・行政の三権の相互バランスをとることの本質は、ひたすら権力を牽制する手段である、ということなのだ。資本主義諸国の数百年の実践がすでに、この制度が権力を牽制し腐敗を抑制することに対して非常に有効であることを証明している。市場経済が資源を有効に配分するのと同じように、これは人類が新しく作り出した、国家の管理および社会の統制を行う有効な手段であり、政治文明であって、資本主義の特許ではない」と。

実は、彼のもともとの原稿は「三権分立」と言っていた。この言葉が「ブルジョア的民主観」と批判されかねず、当局は「三権分立」と書かれたものは一切許可しないということに鑑み、『氷点』の編集者は「三権の相互バランス」と書き直したが実は内容はまったく同じである。しかし、彼に掲載紙を渡した際、「三権分立」を外したと聞いて、彼は大声で「何故私に相談無く変えたのか？」と詰問した。掲載紙を渡しに行った若い編集者はやりきれない思いで、「発表されてこその勝利です」と弁解した。李鋭氏はこの言葉を聞くや、ほがらかに大笑し「君の言う通りだな！」と言ったという。彼は掲載紙を手にして、「はは、共産党は到底私を封じ込められはしない。大新聞に載るなんて本当に久しぶりだ！」と感嘆したそうだ。

この報道が掲載された後、すぐに中宣部が「どうして李鋭の文章を載せたのか」と追求してきた、と事後、李而亮総編集長が私に伝えてきた。それから一月も経たぬうちに、『氷点』はまたもや発売禁止になった。現在彼はまた『氷点』のために義を重んじ正論を述べてくれたのだ。

二月五日、春節の長期休暇が終わり出勤するとすぐに、私に渡すよう頼まれたという手紙を受け取った。封を開け、五、六枚の紙を取り出し、そのゆがんだ筆跡を一所懸命判読していると、筆者が病気を抱え、骨を折って筆を運ぶ際の光景が目に浮かび、感激の涙を禁じえなかった。

その手紙は我々報道界の後輩たちが皆尊敬している先輩である、元人民日報社社長・編集長の胡績偉氏が自ら私に宛てて書いたものだ。『氷点』停刊事件の発生後、党内の重要人物から最初に来た自筆の手紙でもある。彼はすでに九十歳の高齢者で、重い病気を患っており、家のお手伝いさんは休暇で実家に帰っておりタイプを打ってくれる人がいなかった。彼は何と、春節の元旦に、震える手で『氷点』に対する声援を書いたのだ。こ

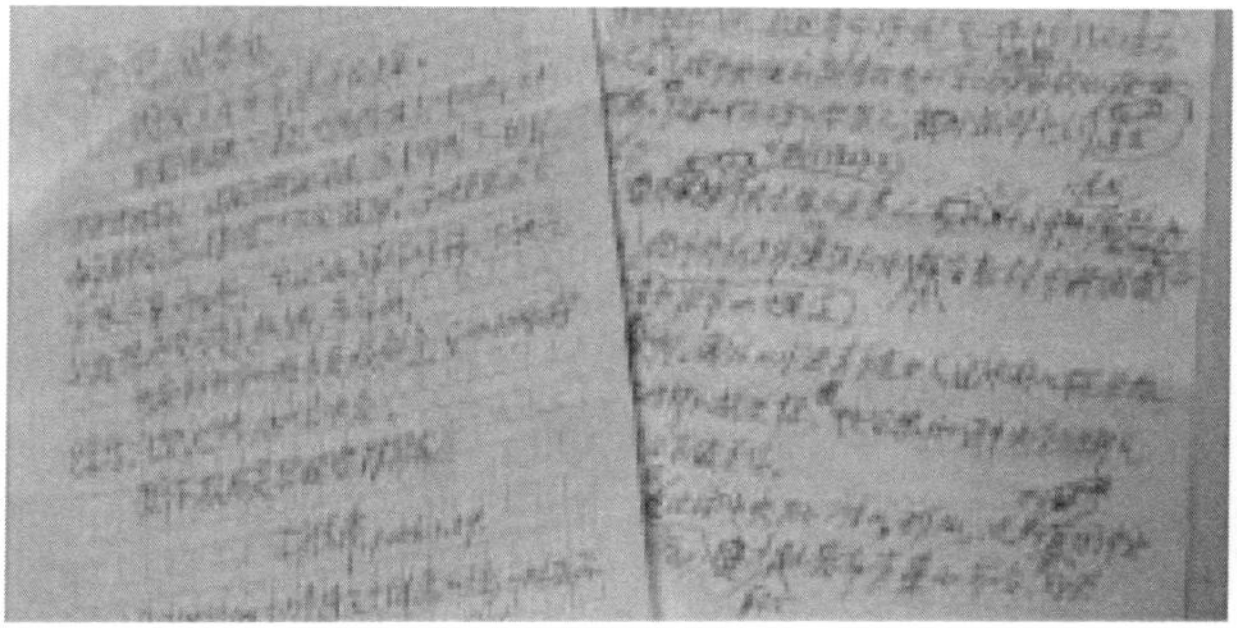

胡績偉さん自筆の手紙

れ以前、私と彼は会う縁が無かったことを頭に入れておいて欲しい。

胡績偉氏は次のように書いていた。

大同、新年おめでとう！

私は声援をするため数百字書いた。

私は続けて四回も転倒したので、二十数日間入院し、二四日にやっと帰宅した。脳への血流が不足しているので、医者は私に「何をするにも人に手伝ってもらいなさい」「激しく動いてはいけない」と言った。この血流不足のせいでこの数百字の乱雑なことを許して欲しい。文字は君に手直しをお願いする。語気の面では私はできるだけ冷静な、軟らかい論調にしたい。どうかご了承頂きたい。

わが家の、タイプを打つことのできるお手伝いさんは休みをとっているので、手書きの原稿を君に届ける。どのように処理するか君が決めなさい。君が機敏にとことん頑張ることを願っている。

胡績偉　二〇〇六年一月二十九日

実は、これは胡績偉氏から私宛てに初めて来た手紙ではない。二〇〇五年八月、私の公開書簡の内容を知った後、まもなく彼は夫人に頼んで私に手紙を書き、私に「君の公開書簡を読み、人民日報関係者の老人は全員元気づけられた。君たちに敬意を表する。君たち若い世代のジャーナリストが、ますます努力し、報道の自由のために闘争することを望む」と伝えてきたのだ。

胡績偉先輩の声援の手紙はすぐに『氷点』の記者が入力し、打ち出し、彼に献呈した。

世論抑圧の新たな記録――『氷点週刊』を声援する

胡績偉（元人民日報社社長・編集長）

共産主義青年団（以下団と略す）中央宣伝部が中国青年報の『氷点週刊』を強制的に停刊にし粛清したことを、つい今しがた知ったばかりである。『氷点週刊』は全国各界の読者から人気を博しており、それが突然停刊させられたことは、注目すべき大事件である。これは、団中央が公民の言論出版の自由権をほしいままに剥奪した違憲行為である。九十歳になる老ジャーナリストとして、非常にショックを感じている。この事件について言いたいことは多いが、ここにその一部を記す。

私はかつて中央の党機関紙の責任者を三十年あまり務めた。私の経験と理念から言えば、党規約および団規約に照らして、団中央宣伝部には、団中央機関紙のいかなる刊行物の閉鎖を命令する権限もないと考えられる。中国青年報は団中央の機関紙であり、団中央宣伝部の機関紙ではないし、また団中央機関紙と団中央宣伝部は対等の組織であって、上下関係には無いからである。

この違憲行為が、もし団中央の許可を経ているとしても、それならば団中央書記処でなければ発禁命令を宣告する権利は無いし、なおかつ書面による決定を経てから、正式に発令されるべきである。団中央宣伝部は団中央書記処を代表して決定を読み上げることができるに過ぎず、今回のような決定を行う権利は持っていない。

もし、団中央書記処が公然と憲法に背くような決定を正式に行ったとすれば、それは勿論やるのは勝手だが、その決定は必ず党中央に報告して決裁を仰がなくてはならない。なぜなら違憲というこのような大きな誤ちは、団中央であってもそんな権利はないのだ。もし、団中央書記処が党中央の許可を得ずに勝手にこのような決定を下したとするなら、公然と違憲行為をするという大罪を犯したことになる。
もし、確かに事前に党中央宣伝部の許可を得ていたならば、その責任は団中央にではなく、党中央宣伝部にあるということになる。

我々の党中央宣伝部は長年にわたり人々から「宣伝しない部」と呼ばれてきた。党中央宣伝部は往々にして、事後承諾あるいは事後承認もなしで勝手に中央の意向を代表し、宣伝部門と文化教育部門に対して命令を下す。これは宣伝してはいけない、あれも報道してはいけない、このような報道は間違っている、あのような報道も間違っている、と。甚だしい場合は、総書記が胡耀邦を記念する発言をしたそばから、中宣部が新聞社や雑誌社に対して胡耀邦を記念した文章を載せてはならないと指導する、というようなこともあった。

中宣部にはある悪い癖がある。彼らは往々にして意に染まないものをすべて「ブルジョア自由化」として非難し、好ましいものをすべて「マルクス主義および毛沢東思想」とする。往々にして自分が正しいのだという態度で中央を代表し、あれこれあら探しをしてレッテルを貼り、批判してばかりいる。これはその指導の下で数十年間仕事をした私にとって身を切られるような苦痛であった。私は以下のように推測する。今回の『氷点』停刊の教唆者は、おそらく中宣部がらみだろう。あるいは教唆者が中央幹部のなにかしらの話を耳にしたのかも知れない。当然、最高指導者の意見であるという可能性もなきにしもあらずだが、中央の幹部グループが何らかの決定を下したとは限らない（もしそうなら正式な書類の伝達があるはずだ）。もし今回の『氷点』停刊が本当に党中央の決定なら、当然、党中央が最大の責任者だということになる。

一党独裁を行っている中国共産党であれば、もちろん憲法に反対することもできる。なぜなら中華人民共和国憲法とは中国共産党という単独の指導者が制定したものであり、まず党中央の承認を経てから、次に中華人民共和国全国人民代表大会で検討され、修正後ようやく成立するのである。ただ、最初の「五四憲法」は、全国の新聞を通じて憲法の草案が公開され、全国の人民に働きかけて討論し可決されたものではあった。しかし、実際には党中央が制定の責を負っている。「五四憲法」第八七条は、公民は「言論出版の自由」を享受する、とはっきりと規定している。法も理も失われた「プロレタリア文化大革命」期に、中共中央の毛沢東主席が、張春橋などに指示して、憲法の抜本的修訂をさせたことがあったが、それでも依然として、公民が言論出版の自由を有することを保障する条文は守られていた。

「四人組」が失脚した後、中共中央は憲法の修正を決定し、全国人民代表大会によって中共の提議した修正案を可決したが、やはり公民の言論出版の自由という基本的権利を保障する条文は残されていた。

中共第四世代の指導者の中心である胡錦涛は、就任するとすぐに、国家の根本である法すなわち「憲法」を尊重し、憲法の執行と憲法の保護を堅持しなければならない、と重ねて言明した。党・政府・軍・青年団の中央と中央宣伝部を含めたすべての各指導機関が、表現法こそ異なれ、党中央総書記の胡錦涛の呼びかけを支持する、と表明した。しかし言葉の立派さに反して行いが伴わず、党中央指導者から各レベルの幹部にいたるまで、違憲行為は枚挙にいとまがない。それにしても、団中央が今回このように公然と憲法違反の決定を下したことは、やはり大胆不敵な妄動と言えるだろう。

もし党中央が承認したのであれば、それは胡錦涛本人の自家撞着である。公然と憲法に違反したことは、自ら全国の人民と国際社会に向かって、中国共産党は自分の指導者が制定した憲法にさえも背く政党なのだ、と公言しているに等しい。

つきつめるとこの大いなる過ちのもとはいったい団中央書記処にあるのか、それとも党中央宣伝部にあるのか、それとも党中央にあるのか、もう少しはっきりするまで待たねばならない。我々は目を見すえて待とう。しかし、主たる責任者が誰であろうと、これは中国が言論出版の自由を抑圧したという新たな記録なのであり、いかなる白書をもってしても取り繕い覆い隠すことはできない。

一人の老ジャーナリストとして、中国青年報『氷点週刊』の愛読者として、私はここに心から『氷点』に対する熱烈な支援を表明する。

『氷点』停刊事件は猛吹雪の天気予報を出した。警戒せねばならない！

二〇〇六．一．二九

この応援書簡は、私がみるところ、少しも「軟らかい論調」でないどころか非常に激しい。私はすぐさま友人に転送し、それは当日ネット上で公開された。ネット仲間は様々な手段で封鎖を突破し自分のブログに貼り付けた。

十二　事態の進展

春節の長い休暇期間すべてを、私は中央紀律検査委員会に出す告訴状を仕上げるのに費やした。この書類はいかなる疎漏もあってはならない、これはこの事件の性質と私たちの要求に関する正式の表明であるので、党規約が規定する正規の手続きを通じて上層部に送るのである。私の抗議文はすでにネット上に公開され、当局はきっと仔細に検討したに違いないが、「知らぬ」「見ていない」とおとぼけを通すこともできる。政治の駆け引きにおいて、中宣部の個別の役人を党内の「裁判所」に正式に起訴し彼を被告にさせることだけが、本当の意味で相手方に「ボールを渡す」ための手段なのである。

二月三日、春節四日目。盧躍剛が予定を繰上げて四川省から北京へ戻った。翌日、私・盧躍剛・賀延光が集まり、現状とこれからの全体的方向付けに関する考え方を交換した。私たちは次のような点で意見の一致をみた。今回の抗争の目標は決して『氷点』の存廃問題だけにとどまらず、また『氷点』のチームをどのように保全するかという問題だけにとどまるのでもない。それは憲法と党規約の上で我々の基本的権利を防衛すること、勇気をもって道理を説くこと、この闘いを中国政治体制改革を推し進める踏み台とさせること、そして歴史にいささかでも影をとどめたい、ということだ。

この期間、いくつか新しい興味深い情報があった。官界の慣例によって、春節前には、現任の役人が退職した前任の役人に年始の挨拶に行かねばならない。「老同志に対する尊敬」を表すのである。中宣部の現任の報道局長も例にならって鍾沛璋氏宅に年始に行った。鍾沛璋は中宣部の『氷点』封殺の間違ったやりかたをじかに批判した。この局長が弁解していうのには、これは中宣部の決定などではなく、みな団中央自らが行ったことで、現在中宣部は受動的立場なのだ、という。鍾沛璋はすぐさまこのニュースを私に知らせてくれた。

類は友を呼ぶというのだろうか。我々の良き友人、すでに異動した元中国青年報副総編集長樊永生は、春節前のある集会で中宣部の人物に出会い、この事件について尋ねたという。結果この人物がいうには、これはみな団中央が行ったことであり、団中央のヘマで、現在中宣部は団中央のために尻拭いをさせられているのだ、という。この二人の中宣部の物言いは驚くべき一致をみた。

この情報はうそか真か。私が思うに、純粋に技術的な点でいえば、「停刊」の決定はどうやら中宣部が直接下したものではない。きっと団中央が「粛清」を要求する非常に大きな圧力の下で行ったはずだ。なぜならば、早くも昨年の一二月二五日に、団中央第一書記が中国青年報の主要幹部すべてを呼んで、「『氷点』について団中央は責任を持てなくなるだろう」といった話をしたのだ。我が社に早々と心の準備をさせよう、という魂胆にほかならない。

そうであったとしても、中宣部も関わりを免れることは絶対にできない。まず袁偉時論文に対する糾弾と『氷点』に対する全般的批判を行った『報道批評』は、中宣部が出したものであった（団中央はむしろ袁論文についてはひとことも触れていない）。その次に中宣部でメディアを主管する李東生副部長が「氷点は冷たすぎる」という指示を出している。最後に、この『報道批評』は、通常ならふつう中宣部幹部と、批判されたメディアの責任者およびメディア指導機関の責任者だけに送られるところを、今回は「中央宣伝指導班のメンバー」に送られている。そしてこの班の班長は中央政治局常務委員であった。これはすでに団中央責任者にとって非常に「現実的」な政治的リスクと圧力になっていたはずだ。

中国の官界では、役人はただ一つの義務を有している。それは上部に対する責任である。というのは上部だけが彼の出世の道を決定できるからである。上部の指示に対して、下部の役人は普通二つの反応をする。第一の反応は、もしこの指示どおりに執行して、彼が治める地方や部門、もしくは彼自身の利益を損なうことになるのであれば、彼は面従腹背し、ひいては嘘を言ったり、報告をごまかしたり、報告しなかったりするだろう。第二の反応は次のようなものだ。もし上部の意図を理解してなんらかの行動を起こさなければ、上部に悪い印象を与え、自分の出世が脅かされる、と彼が考えた場合。この時、各レベルの役人はそれぞれ過剰に動き始めることがある。——本来の要求は五割でよかったのだが、彼は七、八割やりとげなければ安全ではないと思うのだ。「過ぎたるはなお及ばざるがごとし」——これもまた中国の官界の宿命なのだ。

もし本当に中宣部の人物が言うように、「これは全部団中央がやったことだ」というなら、これは上述のような官界の第二の法則にあてはまるのだろう。そうだとしても、この決定は必ず事前に中宣部に報告してあるはずだ。中宣部の黙認と鼓舞が得られるだけでなく、さらに上の権力の支持が与えられるからだ——団中央書記が全国にネット封鎖の命令を出す権利を持っているとでもいうのか。権利があれば先に首都の各大新聞メディアと公安局に指令を伝達できるというのか。（もちろん、事件のすべての細部については、さらにもう少し時間をおかなければ全貌がわからない。しかしおおむねこのような構造であったことは間違いないだろう）

二月六日午後四時、中央紀律検査委員会に出す告訴状はすでに書き上げられ、修正され完成した。この告訴状は同時に党中央総書記を含む五人の政治局常任委員にも届けられた。私がまもなく正式に起訴するということは、海外メディアですでに大量に報道されていた。

私は告訴状の最後に手書きでサインをしてから、中国青年報党組織の王宏猷書記のオフィスに行き、彼に直接手渡した。そして党規約の規定する手続きによって上層部に提出するよう頼んだ。さらに、上層部まで送達したという良い返事を七日以内にもらいたい旨を言った。七日間というのは充分余裕がある時間だ。中央紀律検査委員会と団中央はわずか二駅である。もし持っていこうと思えば半日でも届けられる。もし七日経っても返事が得られないならば、告訴状は団中央に押さえられたと考えるしかない。そうなったら、私は公開という手段を除いては、関係する中央幹部に知ってもらう方法がなくなるというわけだ。

王書記は誠実で信用できる口ぶりで言った。組織の手続きに従って訴え出ることは党員の正当な権利であり、中国青年報の党組織と団中央はきっと責任をもって送達する、さらに「受取証」を発行しよう、これは当然のことだ、と。

彼がこのように快諾したのは、党員としての常識があるためだ。私もそうだ、この手続きで何か問題が起こるとは考えられない。一九八九年の事件の後、私が開始した対話活動に対して「中央幹部考察小組」が直接命令して下した最終判定に対して、私は同じように二人の中央政治局常任委員に対して告訴状を書いた。最終結論に対し逐条的に反駁した。当時の団中央はそれを受理してから、ただちに規定の手続きに従い中央直属機関党委員会に報告した。中央直属機関党委員会の書記はそれを見て、「告訴状はよく書けている、団中央はまず意見をだしてから上部に報告しなさい」と言った。しかし団中央は意見をだし出しようがなかった。――対話活動のどれもが党規約の手続きを踏まえており、すべての過程において「四つの基本原則に違反」するいかなる言論も行為もなかったからだ。さらに、団中央書記処と中国記者協会書記処に、すべて事前に報告してあった。八九年の騒動以後に下された中央による幹部「精密検査」の政策決定によれば、対話は規定の行為に属し、「不問に付す」こととなった。団中央は一時に二つの難題を抱えて意見を出すすべがなく、ついにはうやむやにしようとした。しかし結局は握りつぶすわけにはいかなかった！　――あの時の政治的雰囲気はどうだったろう。誰もが危機感を覚え、息がつまりそうであった。李鋭、于光遠ら四人の中顧委員会委員などはあやうく党籍を剥奪されるところだった。

二月八日午前、私はある読者からの電話を受けた。「今日はどうして『氷点』がないの？」と尋ねるので、私は中宣部に差し止められたと言った。彼は驚いて、どうしてそんなことができるのか、と言った。私が、あなたはどこの読者かと尋ねると、「中紀委」の者だと答えるではないか。私は嬉しくなって、今ちょうど中央紀律検査委員会に文書を上げて中宣部を告訴しているところなのだと言った。彼はさらに驚いたようで「我々が中宣部を抑えられるものかね。彼等はともすれば我々を非難しさえするんだ」と言った。――それはとっくに予想していたことだった。だが、中紀委の人物が自分からこんなことを言い出すとは面白い。このことは、目下党内の政治生活がきわめて不正常であるということを説明している。

昼時の一二時一〇分、中国青年報資料写真部賀延光総監は社内ネットの「私人留言（個人的伝言）」に、社内の同僚の署名を集める文書を出した。それは、ただちに『氷点』停刊を改める決定をだすよう団中央書記処に要求していた。

社内の同僚各位

数日前、私は驚くべき原稿を見た。それは我々が尊敬する胡績偉老先生が書いた肉筆原稿だ。氏は九〇歳の高齢で、春節の日に、病体を支えながら、苦しみを押して『氷点週刊』に対する声援を書かれた。また、御存知のように、元新華社副社長の李普氏、元中央組織部常務副部長李鋭氏らも皆もうじき九〇歳になろうとする人であるが、『氷点週刊』停刊に対する抗議を公開発表された。さらに一七歳の高校生から八〇歳の退職老人に至るまで多くの読者が『氷点』停刊に対する強い不満と抗議を寄せているのを見た。しかし我々自身はどうであろうか。まさか県書記が『氷点』同僚にあてた年賀状に書いていたように、この事件は「我々とは関係ない」のだろうか？　私はそのようには考えない。もし本当にそうなら、私はそんな新聞は認めない！

今回の事件は必ずや中国報道史上に記録されるだろう。この事件で、我々はどんな理由で『氷点』の同僚を孤軍奮闘させるのだろう?!　もし自分を一人の傍観者とするなら、私個人にとって、それは恥ずべき記録というものであり、これからの人生において良識の苦しみを受けるだろう！　もし我々すべてがこのような態度でいれば、中国青年報の魂は次第にすっかり骨抜きにされてしまうだろう！

ここに、私は団中央書記処に宛てて『氷点週刊』をすみやかに復刊することを要求する書簡を書いた。これは公開書簡としてではなく、規定の手続きに基づいて送達される。私はこの書簡を各位に出し署名を求めるが、決して強制はしない。もし私の意見に賛同されるなら、「同意」と書いて返信してください。同意しない方は、見なかったことにしてください。

賀延光　二〇〇六．二．八

彼が団中央周強第一書記にあてた書簡は以下の通りである。

『氷点週刊』のすみやかな復刊を呼びかける

団中央第一書記周強同志並びに書記処

我々は中国青年報の記者・編集者・職員です。『氷点週刊』が停刊整理されることを知り、深く驚愕しております。続いて、停刊の理由が一月一一日に中山大学教授袁偉時氏の論文「現代化与歴史教科書（近代化と歴史教科書）」を掲載したことであると知り、更に不可解に感じております。

『氷点週刊』は一一年間の栄えある業績をもち、読者からも報道業界からも優秀な週刊紙であると賛辞を頂いており、中国青年報の重要な看板メディアでもあります。百年前の歴史を討論した一篇の論文でそれを停刊させるというのは、情理にもとり規則法律にも違反しており、国内外の世論にもすでに非難が巻き起こっています。この決定は中国青年報そして団中央の公衆に対するイメージに深刻なダメージを与え、さらに中国青年報の発行にも深刻な影響を及ぼすと思われます。

袁氏の論文に対する異なった意見や観点は学術研究の範疇に属すべきであると我々は考えます。公共のメディア上で充分に公開討論するのもよいでしょう。中宣部の指導者および検閲班が袁氏の論文をネットに掲載することを「帝国主義と息を通じ合う」「我党が提唱し高揚する愛国主義精神を直接攻撃する」とみなし、この論文の「矛先は中国共産党と社会主義に直接向いている」と告発しているのは、故のないレッテルをはり、人を攻撃することであり、党の規定で明らかに禁止されているきわめて劣悪な行為であります。こうした口実を以て『氷点週刊』を停刊とするのは、さらに憲法と党規約のよりどころすら欠いています。

管理手続きによれば、団中央書記処のみが中国青年報『氷点週刊』停刊整理の指令を下す権利をもっています。団中央宣伝部はこのような決定を出す権利はありません。今回の決定が不正常な政治的圧力の下で出されたこと、決定が下されるに到ったすべての手続きはみな誤りであったことは信ずるに難くありません。

我々は強くアピールします。団中央書記処はこの誤りをすみやかに正すべきです。仮にこの決定が、団中央によって執行されたものを中宣部のいずれかの指導者が下達したのだとすれば(団中央は決して中宣部指導者に属してはいない)、団中央書記処はこの事件の、憲法に違反し党規約に違反している行為について党中央に対して告訴する責任と義務があります。

我々は『氷点週刊』のすみやかな復刊を希望します。今回の事件によって、中国が努力して構築してきた「調和のとれた社会」の国際イメージに汚点を残してはなりません。

賀延光　二〇〇六年二月八日

この時すでに昼食の時間になっていたが、わずか十数分のうちに、中国青年報の二十名の同僚の署名があった。ちょうど出先にいた同僚はこのことを知るとすぐに携帯ショートメールで連絡をよこし、代わりに署名してくれるよう頼んでいた。しかし、賀延光がちょうど食事をしている時、ある同僚が彼に告げた。あらゆる「私人留言」の書き込みがすべて削除されたと。あきらかに、これは中国青年報の指導者が「集団的事件」の発生を恐れ、技術部門に命じて行ったことだ。――しかしながら、各社員の「私人留言」を削除することは、憲法が保証している公民の通信の自由を侵犯しているのに等しい。

二月八日午後二時、中国青年報の党組織は緊急通知を出した。あらゆる党支部書記はすぐ六階会議室にて緊急会議に参加するように、と。いったいなんの用件だったのか。『氷点』支部書記の蒋さんが会議室に行くとき、私たちは彼女に詳細な記録をとっておくように頼んだ。

しばらくすると、驚くべきニュースが伝わってきた。団中央周強第一書記・楊岳常務書記・劉可維団中央宣伝部長の三人がそろって中国青年報社にやってきたという。これは今期の団中央指導幹部の任期になってから、未だかつてなかったことだ。――重大な行動を手配するのでもなければありえないことだった。

このお三方そろってのご来訪は支部書記の緊急会議とどんな関係があるのだろうか。『氷点』のオフィスでは一時議論紛々となった。これはまず支部書記会議で何が話されたかを見なければならない。

おおよそ一時間が過ぎた頃、蒋さんが戻ってきた。彼女の伝えるところによると、会議の内容はまるで「開戦前の準備召集」をしているかのようであった――これはまれに見る「役人の自衛反応」の見本というものである。

王宏猷（党組織書記、社長）

一月二四日、団中央は氷点に対する停刊粛清を決定した。中国青年報社の党組織は一致し、団中央の決定を完全に擁護し、断固として服従し、まじめに執行貫徹する。

団中央の要求にしたがい、氷点を停刊粛清すること、宣伝紀律の要求に合致させ、中国青年報社と職員への慈愛を体現しなければならない、と当日のうちに検討し決定した。

一月二五日、各部門の中級以上の幹部に向けて、中国青年報各級幹部と党員に対する以下のような要求を伝達した。

一、意識を高め、見解を統一し、「近代化と歴史教科書」の一文の重大な錯誤・危害・影響を十分に認識し、見解を中央による新聞宣伝紀律業務に対する要求と団中央の処理決定に合致するよう統一し、経験教訓を真摯に総括し、政治意識・大局意識・責任意識を切実に増強し、社会進歩を推し進め青年の成長に尽力する中国青年報社の主旨を自覚的に貫徹し、正しい世論の動向をしっかりと把握しなければならない。

二、組織観念を強め、自覚的に紀律を遵守しなければならない。処理決定は組織がおこなった決定であるので、　中国青年報社の幹部および党員として、組織の決定を自覚的に守り、自覚的に組織の紀律を遵守すべきである。各個人に異議があったら、正規のルートを通して表明すべきである。社内部の事情に関しては、すべて国内外の記者による取材を受けてはならない。人に利用され、社の利益の損なうことを防ぐためである。

三、職務を堅守し、きちんと業務を行わなければならない。中国青年報社のすべての幹部と党員は、いかなるときでも職場を堅守しなければならない、職責を履行し、社内の安定を自覚的に維持し、社内の正常な秩序を維持し、各種業務の正常な進行を保証しなければならない。

一月二五日現在まで一切は正常で、社内の大多数の党員・幹部・職員の見解は統一されており、紀律は遵守されている。なにか意見があれば、正規のルートを通して表明しなければならない。「採通」ネット規定をきびしく遵守しなければならない。

事態が進行する中で、ある状況を我々は高度に重視し警戒しなければならない。二六日早朝、李大同の公開書簡が海外サイト――すなわち「大紀元」に現れたのち、午前八時になってやっと中国青年報社の「採通」上に掲示された。　龍応台の胡錦涛に宛てた公開書簡は二六日未明三時すぎにネットに載り、当日世界のいくつもの媒体が掲載し、その矛先はじかに党中央に向けられ、胡錦涛同志に向けられていた。この日ある人物がこの公開書簡を「採通」の個人伝言に貼り付けた。

二六日夜明け方、劉暁波が大紀元のサイトで李大同に賛同する文章を発表し、しばらくして第二弾が掲載された。こういった「民主化運動分子」「反党反政府分子」がこの事件を利用している。国外のサイトで、最も集中して表れているのは大紀元で、ホームページで専用コーナーを設け、毎日平均五篇以上の、氷点を談ずる文章が掲載されている。

一月二五日、国外のサイトで李大同の名義を発起人とする署名運動が始まり、党と政府に対して圧力を加えている。春節前は百名余り、春節後は三百—四百名余りになっており、王丹・劉暁波などの敵対勢力、「民主化運動分子」が含まれている。これらは問題を複雑化・拡大化させ、性質を変化せしめ、復刊に対して大きな危害をもたらしており、中国青年報社にとっても大きな危害である。

私は幾つかの事項を心配している。

一、この事件はすでに敵対勢力に利用されており、なおいっそう利用される可能性があり、党や国家、中国青年報社の体勢に対して危害となり、社のイメージおよび『氷点』復刊に対しても危害をなすのではないか。

二、我々の中には感情的で、冷静な判断ができず、党や国家と対立する位置に自分を置かないと気がすまない者たちがいる。特に若い者は政治経験が浅く、そのため即座には自分の発言や行動の意味がはかれず、いたずらに事を複雑にして、取り返しのつかない結果を招いてしまいかねない。

党各支部には、見解の一致をはかり、問題の複雑性・危険性を見据えて自らの言行をしっかり認識するよう重ねて言明してもらいたい。党や国家、中国青年報社全体に不利になることには荷担してはならない。これは社の内部事情の話であり、国内外のメディア取材には一切応じてはならない。

李而亮　（中国青年報総編集長）

すでに誰にとっても不本意な結果を招いてしまっている。一週刊紙に対する処置がすでに正常の範囲を逸脱してしまった。そのため問題の質は変化し、もうすでに内部の論争ではなく、敵対勢力との戦いになってしまった。矛先はまっすぐ党中央・社会主義制度・党と国家の指導者に向けられている。我々は些かも動揺することなく、確固不動として大局の上に立ち、軽はずみな言動を避け、正しい新聞のあり方を堅持し、正しい世論の方向舵をしっかり握っていなければならない。まだこれから「経典中国（訳注　中国が誇る歴史的遺産紹介シリーズ）」「輝かしき十五（訳注　第十期五カ年計画の総括）」「新農村建設」そして「両会（訳注　全人代および全国政治協商会議）」などの報道も控えている。編集部は余計な事に惑わされず、頭を冷静に保つべきだ。

×××（**副社長・副総編集長**）

私は具体的な進め方の上から話をしたい。

一、各レベルの党組織とも旗幟を鮮明にすること。情報を迅速かつ正確に把握し、速やかに上級組織に報告すること。

二、誠意と細やかな配慮を尽くして穏やかに思想的・政治的指導を行うこと。

三、起こり得る状況・問題を十分に予測し、事態を明確に把握、問題を萌芽期のうちに解決すること。

四、組織外の活動が予想できる場合はただちに党組織に知らせ、早期の復刊をめざすこと。

×××（**副編集長**）

王宏猷氏のお話を支持したい。

社の古参の一人に偶然お会いしたが、つらい、と話していた。以前は外がどうであれ青年報社の内部に混乱はなかった。天安門事件の後も社内の党組織・指導部とも一致団結し本体には大した損失もなかった。ところが九〇年代以降は外は何でもないのに中が先に混乱する、外で何かがちょっと起これば中はすでに大混乱だ、と。

私も同じ気持ちだ。二十年以上共に働いて来た古い仲間には何としても行動を誤って欲しくない。中国青年報はみんなの飯の種だ。壊してしまっては誰にとっても好いことはない。

××× （副社長）

新聞を作って、誤りを批判されたら、正してやり直せばいい、当たり前のことだ。だが今回は違う。特に一月二六日以降、問題の性質は変わり、敵対勢力との闘争になった。編集部には若い人間が多く、この手の問題をあまり経験していない。だからこの会議はどうしても必要な会議だ。

事件後、王社長は一睡もしていない。私もこの数日多くの同僚と会って話をした。新聞社は一人の人の所有物じゃない。今日の会議は考え方や認識の一致をはかるための会だ。今回の事件では社の党組織が試されている。きちんと解決できなければ我々自身にも癒しがたい傷を残すだろう。いかにしても党組織の求めに従い、認識・行動ともに足並みを揃えなくてはならない。大いに腹を割って話し、コミュニケーションを深め、仲間と会って対話をしていかなくてはならない。

××× （某支部書記）

党組織の決定を断固擁護したい。「採通」と党の活動を結びつけ、批判と自己批判を行うことができるのではないか。「採通」は毒蛇猛獣ではない。それに党支部にもそれぞれの国を守る責任がある。

王宏猷

本紙の「採通」は早くから要求を出している、皆それなりに「採通ネット」を十分活用している。一月二四日に「この通知をこえる内容は一切書き込みを許さない」と、さらに重ねて言明している。

××× （定年退職したＯＢ支部）

誰が六、七百人の飯の種を生半可に扱えるかね。誰かが自分のクビを賭けても、と言うのは構わない、だが大勢の人間の生活をあだや疎かにはできない。何百人もの人間から最後には恨まれる事になる。発行部数が落ちたら、どうやって給料を上げるのだ？　国家が前に進んでさえいれば、歩みは多少遅くてもいいじゃないか。

×××

エジプトの紅海で船が沈むのに十五分とかからなかった。船の建造には長い時間がかかるが沈むのはあっという間だ。中国青年報というこの大きな船は五十五年かけて造り上げたのだ。

会議の内容だけを見れば、社内上層幹部らの口調は見事に一致し、どこにも誤解の生まれようがない。これは「上からの白黒判定済みの結論を伝える」会議なのであり、つまり当局は強硬に出ると言っているのだ——それなら別に驚くほどの事もない、今まで通りだ。すでに退職した本紙の前任編集長二人もその政治経験から声をそろえる。「事態は深刻だ、最悪の結果になるだろう」と。

団中央の書記たちは何をしているのだろうか。聞くところによれば手分けをして編集委員会のメンバーを個々に訪ね話を聞いているらしい。何より不可解なのは、賀延光と葉研に対し、周強が話をしたいので外に出ないように、と弁公室から知らせが来たことだ。賀延光と葉研は「反対派」の代表的人物である。二人に話とは、その意図は何か。もしすでに強硬策でいくと決まったのなら「反対派」を訪ねる必要などない。

私はとりあえずこう考えることにした。事態は変化を始めている、しかし悪い方向にではなく、逆に当局は国際世論の強い外圧を受け何らかの妥協をしようとしているのではないか。こんな楽観的な推測をする理由は、もし強硬路線で来るのなら、官界の慣例として新聞社上層部をまとめて団中央へ呼び出し、命令を下達した後、一人一人に態度表明をさせる。反対意見を言える者などまずいないだろう。そして社に戻り命令を執行すればそれで終わりだ。それなのに団中央の御歴々が顔を揃えて新聞社にやって来たというのは、直接事情を把握しようとし、次の段階の復刊に向けた準備をしている、ということだ。

では今終わったばかりの支部書記会議は何だったのだろう。察するに、突然団中央から二人の書記と宣伝部長が同時に来ると知らされ、中国青年報社として即座にはその来意を測りかね、ただその異様なやり方から厳しい処置になると判断した。ところが社としては春節前に停刊を宣言した後、何の動きもとっていない、これでは「対応が消極的だ」と見られかねない、そこで官界での保身的条件反射として臨時に緊急会議を開いて体裁をつけたのだ。上から人が来たら、我々はすでに「組織上、思想上とも十分な説得働きかけをし手を打ちました」と報告できる――この一幕は団中央に見せるためのものなのだ。

だが当然ながら、この判断の当否は少なくとも周強と賀延光との話し合いが終わらなければ分からない。この時すでに午後四時、『氷点』のスタッフ全員は辛抱強く待っていた。

私は合間を見て陳小川副総編集長のオフィスへ上がった。そして彼に「強硬に来ると思いますか、それとも柔軟に来るでしょうか」と聞いてみた。彼は「柔軟に来るだろう」と答えた。彼は現職の副総編集長である。彼がそう考えるには相応の根拠があるはずだ。私はほぼ確信を持った。

そのまま六時一〇分まで待たされた後、賀延光に上がってくるよう指示が出た。周強たちはこの時までにすでに四時間あまりも新聞社に留まっていたことになる、前代未聞のことであった。

それより先に編集委員会のメンバーが呼ばれても一人せいぜい二〇分程度だったと聞いていたので、賀延光もすぐに戻るだろうと考えていたが、結局七時過ぎまで待たされる事になった。周強は意外にも丸一時間も彼と話し合ったのである。

やっと賀延光が戻って来た。彼は集めた署名と『氷点』の即時復刊を求める文書を周強に直接手渡していた。彼が聞かせてくれた会談の内容は、上が妥協する用意でいることをほぼ証明できるものだった。「反対派」の大物を訪ねてきたのは、その影響力の大きさを見て、まずはなだめ、これ以上不測の事態を起こしてもらいたくない、ということだったらしい。

賀延光と周強との間では興味深い論戦が交わされていた。

周強

袁偉時の文章は完璧に誤ったものだ。歴史を甚だしく歪曲して書き換え、中国人民の感情をひどく傷つけた。帝国主義による中国侵略の歴史を覆そうとするもので、読者や社会に及ぼす影響は劣悪だ。『氷点週刊』がこのような文章を掲載したことは新聞報道の規律に違反し、本紙の方にも深刻なマイナス影響を及ぼした。団中央書記処は非常に心を痛めている。『氷点週刊』は中国青年報の付属週刊紙だ。そして中国青年報は党の新聞であり、団中央の機関紙だ。党の新聞・団の機関紙は青年の教育・養成という重大な任務を負っている、この担うべき責任と使命から背離することは断じて許されない。したがって今回の『氷点週刊』の重大な誤りに対する処置、つまりその停刊・粛清については書記処としても厳粛・慎重な態度でこれに当たった。そして出した結論は今回の失敗を戒めとして今後に生かすというものだ、これも今後新聞を更に良くするためだ。誰一人に危害を与えたわけでもないではないか。

延光さん、あなたも中国青年報では古参だ、そして経験ある記者だ。これまであなたが新聞社のためにどれほどの功績を上げて来たか、我々も十分に承知している。二年前のＳＡＲＳ騒ぎの際も、病院に赴き第一線で取材を行うというので我々も中国青年報社にやって来た。あの時の出陣は悲しくも壮烈で、内外に与えたインパクトも大きく、非常に励まされたものだ。今、『氷点』は間違いを犯してしまったが、我々はやはりあなたには明確な立場に立って古参兵としての役割を果たしてもらいたいのだ。もちろん、あなたにはあなたの考えがあり、違う意見をお持ちかもしれない。私たちが今回中国青年報社を訪ねたのは膝をつき合わせてあなたの考えを聞き、腹蔵なく話し合うためなのだ。

賀延光

私は今回の『氷点』に対する処置は間違っていると思う。まず、一月二四日に『氷点』の処分が決まった時、『氷点』の人間は蚊帳の外に置かれていた。あの晩六時過ぎ、私は仕事を終え外に出たところで海南省の友人から電話を受けた。相手は『氷点』が停刊になるとはどういうことか、と言う。私が、聞いていないよ、今しがた下りてきた時も『氷点』の人間はまだ忙しそうにしていたよ、と話すと、相手は、もう中央宣伝部からの正式な通達が届いている、明日は一切この件を報道してはならない、としてある、という。この時私はやっと合点がいった。というのも社の党組織メンバー全員が午後に団中央に召集されて会議に向かったと聞いていたからだ、あれは『氷点』と関わりがあったのか、と。後になって分かったことだが、あの晩七時半前後になって『氷点』の李大同編集主幹がはじめて党組織に呼び出され、停刊・整頓の決定が申し渡された。その夜、社の担当者は手分けをして各省にいる地方の記者に緊急電話をかけ事情を告げ、同時に決して声をたてず「足並みを揃える」よう求めた。

翌朝、我々は「中級幹部大会」の召集を知らされたが、時間になってみると急に「グループ別会議」に改められてしまった。そしてこの決定が伝えられたのだが、「決定」が一読されるやすぐさま散会が宣言され、討論する余地さえない。私には問いただしたい疑問点も幾つかあったのに、違う意見を聞くつもりは毛頭ないということか。それからすぐ李大同個人のブログも封殺されてしまった。一体何がどうなっているのか。後から私の知ったところでは他省の新聞では最も早くて当日の午前には『氷点』事件の報道を禁じる通知を受取っている。つまり、当事者である新聞社の党組織がまだ事情を知らない段階で、全国各地にすでに予防線が張られていたということだ。そう判断するのは間違っていますかね？　停刊・粛清の決定は団中央宣伝部が文書で通達したものだ。しかし団中央宣伝部には各地の地方新聞に禁止命令を出す権限なぞは当然ない。また、袁偉時の記事は一月一一日に掲載されている。しかし停刊の決定は一月二四日に出ている、つまり春節の数日前に発表されている。というのもこの時期は年越し間近で、休みで、多くの人がすでに職場を離れ家に戻ってしまっているからじゃないか。この時期を選んで停刊を宣言するとは、周到な計算だと言わざるを得ない。これら諸々を考え合わせ、団中央書記処がこのようなやり方で自らの機関紙に対し、自らの部下に対することに、私には善意があるとはとても思えない。

周強

ここでもう一度確認させてもらうが、中国青年報は党の新聞であり、機関紙だ。中央・中央宣伝部は何度も繰り返し「宣伝紀律」について言明している。我々は始めから袁偉時の文章のような重大な誤りを含む記事を載せてはならないのだ。延光さん、知ってますか、『氷点』の停刊後、国外の一部のサイトや敵対勢力はまさに猖獗をきわめ、多くの言論を発表しては煽り立て我々の社会主義制度を悪辣に攻撃している。甚だしくは党の指導者まで槍玉に挙げている、それなのに我々の中には大局を顧みない人間がいるんだ。あなたはご存知ないかもしれないが、李大同の抗議文書はまずあの「大紀元」から発表されたのですぞ。「大紀元」とは何です？　法輪功のサイトじゃないですか。

賀延光

私には李大同が抗議文を「大紀元」に渡して発表させたとは思えない。李大同はそれほどバカでしょうか？　もう一歩譲って言えば、仮に私、賀延光のものが外部のサイトで発表されたとする、それでもう私はあなたの敵、或いは敵寄りの人間ということになるのですか。今はインターネットの時代です。情報網はこれほどに発達している、これは前提となる事実でしょう？　『氷点』停刊事件が招いた影響、これほどに複雑な問題をこんなに簡単に外国のサイトやいわゆる敵対勢力のせいにして終わらせてしまう、それは責任の言い逃れには最も好い方法でしょう。私にはそうしたものの考え方、問題処理の仕方がすでに時代遅れに思えます。

私としては、袁偉時の論文が歴史上の義和団に対し異なる評価をしていること、これはとどのつまり学術上の争いであると考えています。確かに、中国青年報は党の新聞であり、団の機関紙です。しかし誰が党の新聞や団の機関紙には学術的論争を含んだ文章を載せてはならないと決めたのですか。一枚の新聞は、読者にニュースや情報を伝える以外に思想的な交流、思想的な討論をする場でもあります。そんな新聞だからこそ読者は愛読してくれるのです。周強さん、あなた自身は視点が鮮明で思想的に柔軟活発な新聞が読みたいですか、それとも大上段に構えた常套句ばかりの新聞が読みたいでしょうか。それにまた、あなたが袁偉時の考えに賛成できなくても構わない、あなたもまた一本書いて彼と討議し、論争すればいいじゃないですか、それでこそ正常と言うものだ。実際、袁偉時の文章が掲載されると李大同はすぐさま違う意見を袁先生にフィードバックしている。その後袁先生からも返事があり、ある文章は学術的に言ってもやはり厳密なもので、学問的であり……

周強

延光さん、あなた分かっているのかね？　ネット上の読者の袁論文に対する反応は強烈だったんだ。

賀延光

知っています。強烈なんてものじゃない、激烈でしたね。罵り言葉が過激だった。しかしそれもどのサイトを見るかによります。ネットユーザーにもレベルの違いがあります。罵りがあっても驚くには足りません。しかし比較的まじめなサイトに書き込まれたコメントには賛成であれ反対であれ学術性が高く理性的なものも少なくなかった。私も少し読みましたが。学術的観点を異にする論争がどれほど正常なことか。

何だってそんな沢山の恐ろしいレッテルを貼ろうとするのか。売国だの、覆すだの、一体何のために？　今回の『氷点』の処分が国内外でこれほど大きな騒ぎを引き起こしたその主な原因は、我々が学術的問題を政治問題に変えてしまったからだと思います。問題はそこにあるのです。これは本当に恐ろしく本当に危険なことです。周強さん、今年は文化大革命が始まって四〇年にあたりますが、「文革」はどのように始まったのでしたっけ？

周強　……

賀延光　やはり学術的問題を政治問題に仕立てたことから始まったのではないですか？　『海瑞罷免』の批判から始まったのじゃないですか？　それから四〇年ですよ！

周強　延光さん、今日は事実に即して話し合おう。あなたにも思うところはあるだろうが、それが通らないこともある、それも分からん事じゃあるまい。何はともあれ、我々はあなたと李大同たちとは違うと考えている。以前の『氷点』は素晴らしかった じゃないか、「最後の肥おけ」とか「五人の叔父と五人の叔母」などは本当に素晴らしく感動的だった。しかしこの二年余りはまるで話しを聞こうともしないじゃないか。李大同はいつでも自分に理があるとばかり、どれだけ批判されてもまるで耳に入れようとしない、これではどうしようもない。今度はこんな騒ぎにしてしまうし、粛正しないわけにいくまい？　こういうことにはなったが、書記処とて彼らを守りたいという思いからしたことだ。また、停刊・粛清するだけで誰を処分したわけでもない。停刊・粛清ということは復刊があるということだ。復刊の時期は粛清の結果による。

当然一日二日ということはあり得ないが、しかし言っておくが、一年二年ということもない。

賀延光

周強さん、ご存知のはずだが、本紙数年間の読者調査では『氷点』の閲読率は常に上位に入っています。李大同は個性は強いが、批判や意見を全く受け入れないというわけではありません。私も以前『氷点』のあるコラムについて文章が難解過ぎると意見したことがありますが、その後ちゃんと執筆者を替えています。あなたの言いたいことは分かっています。確かに中央宣伝部の検閲評は『氷点』に対する批判が多い。しかし中央宣伝部の検閲係の権限は大きすぎ、度を越えています。彼らのいわゆる「検閲評」に対して誰が弁明できますか？　誰が敢えて弁明し得るのですか？　私から見れば多くの場合彼らと中央にはズレがあるようにさえ見えます。例えば、胡錦涛同志の十六大（訳注　中国共産党第十六回全国代表大会）報告や温総理の政府報告では世論による監督強化を明確に訴えていますが、中央宣伝部は至る所で今日はこれがいかん、明日はあれがいかんと言っては世論の監督を妨害する。また例えば、「地元以外からの監督は許さない」と繰り返す、そして報道規律だとしてメディアを厳しく制限する。それなら一つお聞きしたいが、重大事件ではなぜ地元以外で拘留したり、地元以外で裁判をしたりするのでしょうか？　それはやはり役人同士の馴れ合いで現地の内情があまりに複雑だからでしょう？　宣伝部も昔は大して金のいらない部署だったが、昨今は大したものです。腐敗でここ数年何人の宣伝部長が泥沼に引きずり込まれたことか。やっ、可維さん（団中央宣伝部長）、あなたのことを言っているわけじゃありませんよ、私の父だって宣伝部長だったのですから。

提案ですが、中央は中央宣伝部についての世論調査でもしてみたらどうでしょう。党新聞の党員編集長一人に一票で。中央宣伝部は果たして何票取れますかね。

周強

延光さん、話をあまり広げないようにしようじゃないか。

聞くところによるとあなたは今日社内で『氷点』停刊について署名活動をしたそうだが、そのやり方は正しくない、間違っている。社内の絶対多数の人間は『氷点』停刊問題について立場は明らかだと言える。書記処の決定擁護だ。あなたは古参だ、あなたが率先して大局の安定に努めてくれなくては。

賀延光

目をつぶり、耳を塞げば、あなたの知ることのできるのは偽りの姿だけです。少なくともうわべだけの見せ掛けです。発言の場を途絶された状況下で、社内において署名を集めるのはただ意思を伝えようとする一つの形にすぎない。正当なことであり、何の不都合もないと考えます。私はただ団中央に『氷点』停刊の誤った決定を撤回してもらいたいだけです。そしてその依拠するところは党内の政治生活準則と憲法が付与する公民の権利です。それから私の起草した「団中央第一書記周強同志並びに書記処に宛てたアピール」は、ごく穏当な言葉を選んであります。また社内の同僚に対して些かも強要したところはありません。私は彼らに対しこう言ってあります。この「アピール」は公開しない、組織のシステムに準じて上に送る。署名に同意する者は私に「同意する」と返事をくれればよい。もし同意できなければ、返事をくれなければよい、と。私はこれほど平和的で、手続きを尊重しているのに、あなた方はそれでも容認できないのですか？　私が起草した「アピール」は、ひるの一二時過ぎ頃、社内ＢＢＳの私的な伝言メッセージとして編集記者の一人一人に出したものだが、二〇分とたたない内に社の上層部の命令で削除されてしまいました。いいですか、一二時半、まさに昼食時間です。また春節休みでまだ戻っていない者も多く、それにその時間パソコンの前にいなかった者も多い。つまりこの二〇分間、これを目にできた人間は非常に限られています。それにもかかわらず二〇人余りの人が返事をくれ、そしてすべて「賛成」「同意」の返事でした。

ここに至れば署名を集めた意義はもう大してなくなりました。では、今、直ちにこの「アピール」をあなたにお渡ししましょう。ここには私の名前しかありませんが、お分かりのはずです、これは決して私一人の意見ではありません。

それと、組織的手段で私個人のメッセージを消去したやり方は大変な誤りです。だが、社の上層部の現在の苦しい立場を考慮して追及するつもりはありません。しかし、こうした行為は「中華人民共和国憲法」第二章第四十条、公民の「通信の自由」と「通信の秘密」は法の保護を受けるとした規定に違反することを、お互い承知しておくべきです。

周強

わかった。それを下さい。

賀延光

あと二つ提案があります。

周強

どうぞ言って下さい。

賀延光

私は『氷点』が一刻も早く復刊されることを願う。そうすれば停刊によるマイナスの影響を軽減できる。今、袁偉時教授の文章はやっかいな結び目となっているが、決してほどくことができないというわけではない。あなた方は相反する観点の、学術性の強い文章は掲載してしかるべきであるが、それには前提条件がある。一つは必ず作者の同意を得ること。というのも、異なる考え方を持っていても現在の状況で事態をややこしくしたくないと思う人もいるため、本人が同意するということが必要なのである。二つめは編者の前書きをつけて、これは歴史的事件に対する異なる観点の学術論争である、ということを明確に読者に示すこと。どんな説明をするかで、技術上の問題が処理しやすくなる。

この他にも、私はあなた方が李大同・盧躍剛・杜湧涛の三人とどうしてこんなところで行き詰っているのか直接話をしてみることをお勧めする。彼らは思想も能力もある建設者であって、悪ふざけをしているわけではないのだと私は思う。

彼に対する最後の提案を述べると周強は無言のままだった、と賀延光氏は語った。もちろん彼が私たちに会いにくることもないだろう。団中央の最高指導者たる者が新聞社にやってきて誰とでも話すことができても、事件の当事者とだけは話すことができない。これは一体どういう心理状態なのだろう。

もうすぐ夜の八時だった。我々は依然として詳細に再検討し、形勢を伺っていた。この時、陳小川氏から電話があった。彼によると全ての人物との個人面談が終わったら、周強氏が再び新聞社の幹部四名を集めて会議を開き、「一刻も早く『氷点』復刊計画を立てる」よう新聞社に指示する、というのだ。

この知らせを聞くと、もう何の迷いもなく判断を下すことができた。激しい国内外の世論を目の当たりにし、中央最高指導者は『氷点』を早急に復刊させるよう命令を下したのだ。この命令が下されたのは二月七日とみて間違いないだろう。さもなければ、団中央の第一書記・常務書記・宣伝部長が今日新聞社に来て、その上こんなにも長い時間共に「現場で問題解決にあたる」などということは有り得まい。

陳小川の通知を私から聞くと、その場に居合わせた連中はたちまち喜びの声をあげた。この「勝利」は間違いなく前代未聞のことだ。一月二五日の停刊から二月八日に至るまで計一五日間、春節の七日間の長期休暇を差し引けばたった八日間で当局を妥協させるまでに追い込んだのだ。一九四九年以降の中国大陸の政治史上、これ以上不思議な奇跡はない。

すぐさま、全『氷点』編集メンバーは貴州料理店「酔三江」料理屋で会食し、思う存分満喫して帰った。

十三 「畜生、こうなったら正月返上だ」

その後、我々は次々に『氷点』停刊事件がインテリ界・改革派高級幹部、更には一般読者の間で重大な関心を集めていることを知った。

一月二六日、北京大学のある著名な教授が我々の抗議文を見てメールを送ってきた。「確固たる声援を送ります。私はちょうど論文を書いているところです。あなた方が何か行動を起こす時には私も必ず参加します。畜生、こうなったら正月返上だ」

「畜生、こうなったら正月返上だ」――これはまぎれもなく私を含めた多くの人が来年「戌年」の春節（旧正月）に対して思っていたことである。まず、ある一般読者がネット上に掲載した書き込みを紹介しよう。この書き込みは「軽羅小扇」というハンドルネームの主婦が書いたものである。

春節の出来事

旧暦一二月二八日、ついに耐えきれず喧嘩をしてしまった。喧嘩の原因は、年越しの準備に嫌気がさしたからでもなければ年越し用品を買うお金がないからでもない。ましてや夫婦の実家に贈り物をするためでもない。喧嘩の原因は——これを話すとあなたは吹き出すかもしれないが——中国青年報『氷点週刊』が停刊処分となったからだ!

午後六時、とっくに晩御飯の用意はできていたのに、息子と二人待てど暮らせどあのバカ亭主は帰ってこない。私の中では既に相当うっぷんがたまっていた。やっと帰ってくると、落ち着かない様子で脇にぐるぐる巻きにした紙を挟んで、ひどく怒っている。家に入ってくるなり、中国青年報『氷点』が停刊になったと言い、ネットで李大同氏の公開文書簡と龍応台氏の文章を捜し出した。接続が遅いといらつきながらさらに手間取って、ひたすらいらいらしている。そしてまた言った。

「中国青年報をとっているのは『氷点』を読むためなのに、『氷点』がなくなったら、中国青年報なんて何の意味もないじゃないか」

とにかくむしゃくしゃしているようだった。

彼にはかまわず、私たち家族はご飯を食べ始めた。息子は夢中でサッカーを見ている。しかし夫はなんとブチっとテレビを消してしまい、苦虫を噛みつぶしたような顔をしている。息子はご飯が喉を通らなくなり、大粒の涙が茶碗にこぼれていた。私はそれを見てひどく腹が立ち、こらえきれずに不満を爆発させた。

「ご飯の準備をしてあなた一人を待っていたのに、帰ってくるなり鬼のような顔をして。誰かにお金を騙し取られたとでもいうの。『氷点』の停刊は私たちには何の関係もないじゃない。あなたが気にしようとしまいと停刊は停刊よ。あなたに止められるって言うの。テレビを付けて」

「何を見るって言うんだ。どこに見る価値があるんだ。付けるもんか。」息子はサッカーを見ることができず、怒って茶碗を「ドスン」と置くと、立ち上がってその場を離れた。みすみす食事は台無しになった。

私が最も嫌うのは、食事の時にかんしゃくを起こしてその場の雰囲気をぶち壊しにすることだ。ましてや帰りが遅くなっても私たちは不満を言わなかったのに、なんで恨まれなきゃいけないのか。私はまたたまらず不満を並べ立てた。

「あなたって人は、普通はちょっと食後の世間話に議論する程度の話題だって言うのに、すっかり本気になって、不満を家にまで持ち込んで、どこにそんな価値があるっていうの。まともな事にはろくに気を配らないくせに。あなたが家計や暮らしを心配しているところなんて見たこともないわ。こういう縁もゆかりもない事にばかり腹を立てて、息子まで巻き添えをくってご飯も食べられない。こんなことして何の意味があるって言うの、えっ」

彼は突然茶碗を乱暴に置き、大声で「もういい、もう何も言うな」と言った。これからクライマックスという時に言葉を飲みこむことなどできなかった。「どうして言わせてくれないの。自分が間違っていたら言わせてもくれないの」「言えよ、言えよ。なんだ」言いながらマントウを「ドン」と床に投げつけた。

全く、考えれば考えるほど怒りがこみ上げてくる。昼に一生懸命食事を作って夫の帰りを待っていたのに、いざ帰ってくると仏頂面、そして今はまたこの態度、もうすぐ正月だというのにそれでもこれだ、もういい、喧嘩だ。私は茶碗を割ってやりたかったが、床一面に撒き散らしたら汚いし片付けるのが大変だ、という考えが頭をよぎった。テーブルを叩いてやりたかったが、すぐに、後片付けをするのは結局自分だということがまた気になった。家の中がめちゃくちゃになったら私も耐えられないし、これからも生活していくのだから。とっさに私もマントウを掴み、思いっきり握りつぶして夫の顔に投げつけた。夫はさっとよけ、こっちへ向かってきて私の腕を掴んだ。私は大声で罵り、身をよじった。息子は私たちが喧嘩を始めたところを見ると、慌てて窓の外から大声を上げた。

「やめてよ、近所の笑いものになっても平気なの」

「平気だね」私たちは続けて決着をつけにかかった。夫はさっと走って行くと、玄関に積んである石炭にドンと当たって山をくずし、私はおんぼろの箒を掴んで夫の身体を叩いた。服を汚したらまた私が洗わなければならないので、ズボン目掛けて叩いた。どうせズボンは古くて汚いので、正月が来たら捨ててしまう。騒ぎを聞いて、近所の張さんがやって来て喧嘩の仲裁に当たった。

「もうやめなよ、もうすぐ正月なんだから、喧嘩する必要なんてないだろ、話があるんだったらちゃんと話しなよ」

「ろくな奴じゃない、あなたは知らないのよ、全くふざけた野郎だわ、本当に腹が立つ」私は罵りながら廊下の突き当たりにある息子の部屋まで歩き、ついでに乾いたシーツと掛け布団カバーを取り込んで畳んだ。乱闘の戦果はと言うと、私の肋骨の鈍痛と夫の耳に残った血痕、そして少なくとも五元分の練炭の損失、というものだった。

この生活感に溢れた書き込みを見た私はしばらく笑いが止まらなかった。『氷点』の停刊が意外にも夫婦の大喧嘩を引き起こしたとは、新聞の美談といえるだろう。

多くの知識人が、すぐに応援する立場を表明する論文を書き始めた。例えば『ハベル文集』を翻訳した北京電影学院の崔衛平教授。彼女は一月二七日にはネットで論文を発表し、『氷点』停刊事件に対して深い考察を行った。以下、彼女が論文の中で語った内容である。

一般民衆はおおかた「この世界には論議をする場所がなくなった」と感じている。これによって生み出される結果とは何か。それは普遍的価値の虚無であり、我々民族の道徳レベル全体の低下である。「あなたが私に対して道理を尽くしていないのだから、私があなたに道理を尽くさなければならない理由などない」というものである。失礼を承知で言えば、我々民族が現在抱えている道徳レベルの問題について、役人や権力者はもっと大きな責任を負わねばならない。彼らが常に大衆に対して次から次へと全く道理をわきまえない事をしていては、誰も希望など持てるはずがない。

『氷点』の停刊は、我が民族において現在もたゆまず良心と道理を重んじ続けている人々に対する粛正でもあり、我が民族において、苦難にあえいでいる公明正大な勢力に対する粛清である。要するに、巨大な損失は現在見て取れるものでも予測できるものでもなく、影響は必ずや計り知れないものになろう、ということである。ひょっとするとそれこそ正に一部の人々が望む結果なのかもしれない。しかしながら、我々民族の道徳・精神全体のレベルの更なる低下、更にはこのレベル低下がもたらす目に見えない損失の責任を、さすがの彼らも果たして負いきれるのであろうか。彼らは自分たちのあらゆる行いが我々民族の未来に与える深刻な影響を一分でも考えたことがあるだろうか。明らかに、現在の代償を未来で払うということの影響は、これら一部の人間だけにとどまらず、必ずや我々民族全体、我々全ての子孫の世代にまで及ぶものとなるであろう。

「正月返上」組には各界に大変影響力のある五名の教授や研究員がいた。彼らは『氷点』が停刊に追い込まれたことを知って、休暇中にも関わらず緊急に話し合いを持ち、最高指導者へ宛てた書簡の草稿をしたためた。二月六日、この書簡は信頼できるルートを通じて直接届けられた。

「正月返上」組には二千名近くの中国の「低価格賃貸住宅」の家主がいる。彼らは先祖が購入した不動産を、一九五六年に「社会主義改造」によって無償で剥奪された。二〇〇三年一二月一七日、『氷点』は全紙面を使い『無銭「買取り」』という見出しで「低価格賃貸住宅」の家主の運命を詳細に報道した。都市名と大家一人一人の実名がぎっしり書き込まれたホームページ、そして「我々は断固として『氷点』と共に立ち上がる」という宣言を見ると、彼らが一体どうやって短期間にこんなにもたくさんの署名を集めたのか全く想像がつかない。人々のために真実を語れば、人々はきっとそれを記憶にとどめ、支持してくれるのだ。そう私は感慨を覚えた。

「正月返上」組にはまた著名な党高級幹部やベテラン作家・記者たちがいた。彼らは二月二日には草稿を完成させ、修正を加えた後、二月一四日に『氷点』事件に関する共同声明」を公開発表した。

二〇〇六年一月二四日、『氷点』はついに「中央の宣伝機関」という名を利用した中央宣伝部によって停刊処分という命令を下された。これは中国の新聞に対する悪質な管理制度による長期にわたる悪影響の集中的表れであり、中国新聞界の重大な歴史的事件である。

新聞統制が必要なのは全体主義においてのみであり、そこでは永遠に大衆を蚊帳の外に置いて愚民政策を貫こうと妄想し、「一言堂」(独裁)の千秋万歳を企むことを歴史は物語っている。しかしながら冷厳な現実は、悪質な新聞統制という土壌は必ず李大同・盧躍剛・杜湧涛・賀延光および外柔内剛にして永遠に生気に溢れた『氷点』パワーを生み出すことを証明した。これは歴史的唯物論であり、生活の弁証法であって、いかなる人物の欲望によっても変わることはない。

『氷点』は一〇年間その理念を堅持してきたが、それは並大抵のことではなかった。彼らはたくさんの作者の智慧と良識を編集して発行し、世論の権力を監督し社会を改造する巨大な力を体現し、長きにわたり幅広い称賛を受けてきた。このようにその先進性を誇る党機関紙の週刊折り込みコーナーが、あろうことか閉鎖という陰謀に遭った。そのニュースを聞いた両岸世論が驚愕しあるいは意表をつかれ、全世界がこのために衝撃を受けたのは当然のことである。

火のない所に煙は立たない。これは決して独立した事件ではないのだ。中央宣伝部はここ数年幾度となく新聞・雑誌を封鎖・改組している。例えば『新京報』『嶺南文化時報』『環球経済導報』『南方週末』『南方都市報』及び『書屋』『同舟共進』『方法』『戦略と管理』等々。今回の件もその悪質な管理行為の延長であり、その大部分が当該部の「検閲班」に端を発しているのである。中央宣伝部が「宣伝」を「管制」に異化させて政府権力を代行しているのは、越権というべきであり憲法違反である。「検閲班」はもとより「閲」を「審」にすり代え、「評」を「判」にすり代えており、その名は実際と大きくかけ離れている。彼らは世論を抑え言論の自由を剥奪するため、レッテルを貼ったり言いがかりをつけたりするだけでなく、あろうことか各種「ブラックリスト」の作成、秘密調査をするまでに至り、機を見て発動する。ひどい時には電話一本の指示で「執行」のプロセスが完了し、相手側の釈明する権利を奪い取ってしまう。彼らのやり方はでたらめで乱暴であり、全く法律の制約を受けていない。中央が彼らにそのような特権を与えたなど、聞いたこともない。彼らは驚くべきことに、中央の一六期五中全会で採択された文書の精神に背き、法制の励行と法に基づく国家統治という国策を根本から骨抜きにしてしまっている。宣伝機関がメディアを保護せず言論の自由を保障しなければ、一体何の意味があるというのか、と人々は問いを投げかけるだろう。

彼らが勝利を祝った後を見てみるがよい。人々が得たものは世論における活気の喪失と、メディアが瀕死状態になったことのみであった。論争は聞こえず、調和は見えてこない。「主流意識」も一体どこへ流れ着いてしまったのか。

しかしながら、我々はかつて「自由がないのなら死んだほうがましだ」と高らかに歌い、革命建設に追随したではないか。なるほど、我々はみな晩年に至っているが、自信と鋭気は衰えることなく、そして「今の自分を過去の自分と戦わせることも厭わない」という梁任公に倣わんとしている。六、七〇年の教訓を振り返り、歴史の激しい変動を通り抜けて、私は、一度言論の自由が奪われると、権力者にはたった一つの声しか聞こえなくなる、という事を思い知った。そうなれば、のびのびとした気風や、国が安定し民が安らかな状態などありえない。現在の情勢に目をやればまた一つの法則を悟ることができる。集権制度から立憲政治へ転換する歴史的瞬間に、大衆から言論の自由を剥奪し、人々に物言わせようとしなければ、政治体制・社会構造の転換のなかで必ずや禍根が残り、集団による抵抗を引き起こし、動乱を招くことは免れない。古今を通じて、政権を握る者が暴力で強権政治を維持したことで、どれだけたくさんの血の教訓を得たことだろう。我々は絶対に忘れることなどできないはずである。

言論の自由は執政能力を高めるためには一日たりとも失われてはならない。その最低ラインがどこにあるかと言えば正にそれを「保障すること」なのであって、与えること、ましてや授与などではない。そして然るべき保障の基本的条件は、政権が国の必要によって規制を加えること、例えば「穏定」（安定）を口実に剥奪してはならないということである。広く言論自由の道を開くことが「安定」の助けとなることは経験により明らかである。孫志剛事件の処罰が最も良い例である。自由な世論が冤罪を晴らして社会の矛盾を緩和し、その上、司法の欠陥をある程度埋めた。汕尾事件の教訓は、更に反面から我々の論断を証明している。

言論の自由の意義は固有文明を守ることではなく、常に革新へと導くことにある。言論の自由の廃止は必ずや想像力発揮の妨げとなる。それゆえ一刻も早く新たな法律を制定し、公民の自由な権利を拡大し、メディアの言論の自由を保護し、国家の進歩・繁栄を促し、社会の健全な発展を推し進めるべきである。フランス革命が生んだ『人権および市民権宣言』、第二次大戦後に打ち出された国際連合の『世界人権宣言』にはいずれも模範となる条項があり、手本とすべきである。

以上の申し立てを概括して、以下の要求を提出する。

一、中央宣伝部が『氷点』事件に関して中央に書面報告を提出し、深く自己批判を行い、教訓を汲み取り、「検閲班」を解散させること

二、『氷点週刊』を全面的に復刊させ、事が一段落してから事態を収拾するようなことはしないこと

三、早急に『報道保護法』を打ち出し、あらゆる悪質な報道統制の手段を排除し、報道メディアの職業の権利を保障すること

「自由のために死ぬのなら本望であり、決して囚人には甘んじない」「自由はすぐそこにあり、意気揚々と日の光を迎える」。これは先人の烈士が獄中で高らかに歌った『自由頌』である。我々は彼らの血の痕を踏みしめ、微力の限りを尽くして公民の自由な権利を守る。我々は『氷点』と共に前進する。

署名（姓の画数順）

江　平（元中央政法大学学長・全人代常務委員）

朱厚澤（元中共中央宣伝部部長・中央委員）

李　鋭（元中共中央組織部常務委員会副部長・中央委員）

李　普（元新華通訊社副社長）

何家棟（元工人出版社社長）

何　方（元社会科学院日本所所長、元張聞天秘書）

邵燕祥（著名詩人・作家）
張思之（著名弁護士）
呉　象（元国務院農村発展センター副主任）
鍾沛璋（元中共中央宣伝部新聞局長・元中国青年報常務編集長）
胡績偉（元人民日報社長兼編集長・中央委員・全人代常務委員）
彭　迪（元新華通訊社国際部主任・高級編集者）
戴　煌（元新華通訊社高級記者・『胡耀邦と冤罪事件の名誉回復』の作者）

二〇〇六年二月二日、北京にて

これは浩然の気に満ちた力強い秀作であり、必ずや歴史に名をとどめるであろう。メンバーは既に晩年に入っているが、溢れんばかりの情熱と民主的自由を追求するふつふつとした勇気は青年にひけをとるものではない！　声明は大いに我々の励みとなり、激しい世論の反響を巻き起こしもした。

このほかそのほとんどが著名な知識人および教授である一三名の『氷点』の執筆者も、共同で公に立場を表明した。

『氷点週刊』の一部執筆者が中共中央政治局諸常務委員に宛てた公開書簡

尊敬する胡錦涛総書記、尊敬する中共中央常務委員各位

私たちは中国青年報『氷点週刊』の記事執筆者の一部です。

二〇〇六年一月二四日、共産主義青年団宣伝部は、当週刊が袁偉時教授の中国近代史と歴史教科書に対す

る再認識を行った論文を掲載したことで、「社会に極めて悪い影響を与え、中央関係部門が厳粛な批判を提出した」と、当新聞編集長と編集主幹に対して批判を通達し、「中国青年報に『氷点週刊』の停刊処分と、関係責任者に対する然るべき経済的処罰を命じ、『氷点週刊』の停刊粛清は二〇〇六年一月二五日からとする」との決定を下しました。当該事件発生後すぐに国内外世論の強烈な反響を呼び、抗議の声が絶えませんでした。きっとあなた方もお分かりでしょう。ほかでもなくこの処置決定自体が「社会に極めて悪い影響を与え」たのです。なぜならばそれは合法でもなければ賢明でもなく、国民の最も基本的な言論の権利と報道の自由という憲法上の権利を剥奪し、現政府の「調和社会」建設の努力をもぶち壊したからです。

過去十一年にわたり、『氷点週刊』の編集者と記者たちは、彼らの知恵と勤勉さでもってニュース界の模範を樹立してきました。彼らはイデオロギーに富んだ言論や、重大かつ代表的な事件に対する深い報道を通じて、無数の読者を啓発し、多くの問題の難点を明らかにし、社会の変革を推し進めました。このような極めて独立性に富んだ探求の姿勢と科学的・建設的な態度は『氷点週刊』を現代我が国のメディアの中でもめったにない光明たらしめてきました。しかし、このようなメディアがなんと粛清に遭うとは、これは一体どういうことなのでしょうか。まさか、これこそが我々がいつも忘れずにいる「依法治国」なのでしょうか、それとも常に忘れないでいる「和諧社会」だ、とでも言うのでしょうか。

常務委員の皆様は、ここ数年のさまざまな場面で繰り返し「依法治国」を強調してきました。胡総書記の当選後初めての公務は憲法施行二十周年記念大会で、その時の胡総書記による人の心を奮い立たせるような講話を忘れてはいません。

「憲法の実施を全面的に徹底してやりとおすには、憲法による保障制度を整え、憲法の実施を確実に保証しなければならない。……法律と体制が整っていない、また執行者自身の素質が十分に備わっていない等の問題により、法があっても従わず、法の執行が厳格さを欠き、違法行為もきちんと取り調べないといった問題がまだ多く、様々な程度の憲法違反が依然として存在している。憲法を監督するメカニズムをしっかりと研究して整え、憲法を監督する手順をさらに明確にし、憲法に違反するすべての行為がただちに是正されるようにしなければならない。全国人民代表大会および常務委員会は、国家と人民の根本的利益から出発して、立法の過程において憲法の保障する公民の自由と権利を十分に保障しなければならず、憲法の実施を監督するという職責を適切に担い、断固として違憲行為を正さなければならない。……いかなる組織または個人であっても憲法や法律を超越するような特権を有してはならない。」

しかしながら胡総書記、目下この停刊事件は憲法第三五条の規定に違反していて、それは誰の目にも明らかです。三五条では公民の「言論・出版・集会・結社・デモ行進の自由」を明確に規定しています。我々の中の多くの者は多数の読者たちと同じく、袁偉時教授の文章を高く評価していますが、袁氏の文章の論点に対しては完全には賛成していない者もいます。しかし彼が文章を発表する権利は断固として守っています。なぜなら袁氏の文章は法律違反をしてはいないからです。言論の自由の基本的内容は人々が「誤った言論」を表す権利を持っているということです。どこであろうと、ただ「正しい言論」しか表せないとしたら、言論の自由は消失してしまいます。そればかりでなく、改革開放初期、我々は「実践こそ真理を検証する唯一の基準である」、つまり、ある言論が真理であるかどうかは、発表し、実践によって検証されねばならないという象徴的な言葉を確立しました。しかし、現在の状況はといえば、宣伝部門が言論や意見をコントロールしており、それらが真理を検証する唯一の基準となっています。このような違憲な圧力が今日は袁偉時教授の上に落ちてきていますが、明日にはだれか他の人の上に降りかからないとも限りません。まるでそれが昔、劉少奇氏や彭徳懐氏など政治局の先輩方のうえに降りかかったのと同じようにです。中国共産主義青年団中央宣伝部あるいは「党中央関連部門」がもし袁氏の文章を嫌うのであれば、反駁文を書くことが許されます。しかしそれと同時に袁偉時教授がさらに反駁する権利も確保されなければならず、憲法違反をして威張って人の口を封じることは絶対にできないのです。さらに、文責を筆者が負うことは文明的メディアの通則であり、袁氏の文章を原因として『氷点』を差し押さえたことは、まったく道理に合わないことなのです。

法治国家において最も基本となる準則は、およそ公権力の行使についてみな必ず憲法または法律によって権限を授けられていなければならず、関係する当事者に法律上の救済の道が提供されなければならないということ、つまり、権力を行使する側が憲法や法律に違反していると思われれば、権力の影響を受ける人々は訴訟を起こすことができ、かつ公平な裁判を受ける権利を有するということです。しかし、今回決定を下した青年団中央宣伝部や絶えずマスメディアの活動規制を政策的に決定する中央宣伝部は、法律上完全に、法的人格をそなえていない組織に属しており、何ひとつはばかることなく権力を行使することができてしまうのです。そのために、メディアまたは個人はどんな法律上の嫌疑も提起しようがないのです。原因はほかでもなく、似たような部門がみな法律上の人格を備えておらず、完全に法律外の組織だからです。我が国の憲法序文には「全国の各民族の人々、一切の国家機関と武装勢力、各政党と各社会団体、各企業事業組織はみな憲法を根本的な活動規則としなければならず、かつ憲法の尊厳を保護し、憲法の実施を保証する責任を負う」とあります。上述した胡総書記の講話でも「いかなる組織または個人であっても憲法や法律を超越するような特権を有してはならない」と強調しています。しかしながら、法的人格を有していない組織は、それ自体が憲法や法律の外にいるために、その言論は法の外にあり、新聞機構の生殺与奪の権を操っているのです。これこそが憲法や法律を超える特権であることにまさか気づかないわけではありますまい。

多くの役人は、いったん人々が言いたいことを存分に言いだすと、マイナス効果が生まれると心配します。たとえば、社会の動揺を招き、経済発展に影響し、思想の混乱を引き起こし、政府の権威を損なうなどなどです。しかし、世界に目を向けるだけで、そんな心配は不要だと分かるのです。およそ長年保つことができる社会秩序というものは、抑圧という基礎の上に建つことはありえません。体制変革期の社会では、旧来の利益構成が再構成され、多元化した利益共同体は公に意見を表明する筋道が必要になります。さまざまな言論の公開発表は真の社会状態をあらわし、政策決定にねらいをもたせることができます。異なる意見を抑圧してもただ政策決定者の目を閉じ耳をふさぐことになるだけで、井の中の蛙になってしまい、理にかなった方策も作りようがなくなってしまいます。いつも常務委員の方々が地方へ視察または調査研究に行くと地方役人の欺瞞に悩まされ、調査研究の過程において人々に本当のことを言うように求めます。しかしやはり最終的には本当の話などほとんどなく、ひどい場合には完全にだまされさえします。実のところ、報道と言論の自由があれば、すべてはとても簡単になるのです。もともと大勢を動員して視察に行く必要はありません。公のメディアはあらゆる真相や実情を披露でき、あなた方が求めているような様々な情報は何でもありますから。どこにも地方役人がごまかしを入れることなどできません。

雲の上にいる常務委員の皆さんがこの国に対して我々と同じように強い責任感を持っていることを私たちは信じています。このような大国をきちんと治めるのは易しいことではないことは重々承知です。近頃、あなた方が絶えず調和のとれた社会を建設することを強調する一方で、社会のなかでは様々な矛盾や衝突が次々と現れ後を絶たず、ますます強烈になっています。言論の場を開放することがいくらかの動揺を引き起こすことに対して不安を覚えるのは全く道理がないわけではありません。しかし本当の調和のとれた社会とはまさに一見さまざまな衝突に満ちている社会であるということを私たちは認識しなければならないのです。異なる利益・異なる観念との間の差を尊重し、同時に公正な制度を建てることで、異なった利益や観念が公の場で平和的に互いに競争できるようになって初めて、国が本当によく治まったと言えるのです。古人の「同類は相治まらず、異を待ってこそ成る」とはまさにこの道理なのです。

もちろん、長期にわたって独裁がつづいているこの国では、民主・法治および立憲政治については順を追って行うプロセスが必要です。しかし、たとえゆっくりではあっても我々の方向は必ず正しくなければいけません。残念なことに、ここ数年我が国の報道分野で高圧的な政策を実施してきたことは間違った方向でした。『氷点週刊』の事件はここ何年の最も新しい例の一つにすぎないのです。

常務委員の皆様、思えば三年前、ＳＡＲＳが猛威をふるい、孫志剛事件がさらに国全体の怒りを引き起こしましたが、あなた方は民意に順応し、報道管制をゆるめ、「都市浮浪者収容移送方法」という明らかな悪法を排除して、民衆の心からの推戴と国際社会の好評を得ました。しかし不可解なのは、このような勢いがたったの数ヶ月しか持たず、かえって絶えず後退するものとなってしまったことです。世論の管制をする人たちには後ろ盾があるので恐れるものはないようです。しかし、いわゆる「不法な陳情」や「不当な給与請求」といった類のでたらめな口実で政府に対して希望を抱いている人々を押さえつけ、続けざまに孫志剛事件よりさらに残虐な定州事件や汕尾事件などを起こし、社会の危機を絶えず激化させたことで、現政府による「調和」や「民衆とのふれあい」といったイメージは大きく損なわれてしまいました。

これらに鑑みて、私たちは青年団中央宣伝部の違憲行為を制止することを通じ、三年前の調和のとれた方向に戻ることを各位に呼びかけます。そうすれば人民の幸福・国の幸福・我々と各位の幸せにもつながるのです。

二〇〇六年二月一四日

署名（ピンイン順）崔衛平（学者）・丁東（学者）・傅国涌（学者）・賀衛方（学者）・郝建（学者）・江暁陽（弁護士）・劉暁峰（学者）・馬少華（学者）・秦暉（学者）・童大煥（編集者）・章詒和（学者）・趙牧（編集者）・朱学勤（学者）

この手紙は十分に道理を説いており、老婆心からの繰り返しの忠告であり、最高指導者が心を動かされることを願っている。当然、これも中国の自由を求める知識層による初めての公的な立場表明であり、今回の事件のなかで最も重要な文献の一つである。

さらに重要な文章を挙げずにはいられない。これは中国体制改革研究会の特約研究員楊鵬氏が書いた「中国の政治は十字路に立った」である。この文は二月六日にはすでに書き終えられ、それを友人らで回覧していたが、二月一九日に香港の『亜洲週刊』上で発表された。私は、この文章は『氷点』停刊事件に対して最も洞察に富んだ文章であると思っている。

天網恢恢としたネットの世界から、一匹の蝶が飛んできて、数千里も外から暴風雨をつれてきた。非常に速いグローバル化の過程で、中国はネットの世界にひきずりこまれた。世界のネット上のどんなサイトの変動でも、それが計り知れない連鎖的影響をもたらすことがある。中国の改革開放からすでに数十年が過ぎたが、多くの役人の頭は封鎖された世界にとどまっており、彼らはおそらく自分の行為が開放されたシステムの中で生み出す一連の結果についてしっかり考えたこともないのだろう。私から言わせれば、関連部門の軽率な「勝利」は、すでに国際関係や両岸関係、また国内関係の方面でかなり大きな影響を生んでおり、その悪しき結果は次々と現れてきている。

まず、『氷点』停刊があっという間に両岸関係に影響したこと。これは関連部門が事前に全く予想していなかったことであった。『氷点』が停刊された次の日、龍応台氏の「『文明』で私を説得してください――胡錦涛氏への公開書簡」は台北『中国時報』・香港の『明報』・クアラルンプールの『星洲日報』・アメリカの『ワールドデイリー』で同時に発表された。この文章はあっという間に中国の知識界に伝わった。龍応台氏が台湾と海外で影響力がある上にこの文章自体の力が加わり、私は両岸関係上すでに一種の過小評価できない歴史的影響を作り出した、と確信している。龍応台氏は文章の中で両岸統一のボトムラインを提出している。それは自由民主の価値というラインだ。これは、中国統一の最大の障害物は、民進党にあるわけでも台湾島内の独立気運にあるわけでもなく、大陸側の独裁集権政治制度にあることを示している。

蝶々が招いた暴風雨

民主的＝統一、非民主的＝台湾独立。彼女は強い影響力を持って民主的な中国統一への訴えを世界に公開した。このような観念が台湾知識界・マスメディア・民衆と政党に影響を与えないはずがない。この文章がいったん発表されたことで、統一戦線の使命を背負った可愛いパンダの団団と円円は政治的価値を失った。民主的な中国統一は次第に台湾の政治民意の主流に発展していくだろう、と私は確信している。民主的な中国統一の観点は、大陸の知識界と民衆の中からも多くの賛同を得たに違いない。これが大陸の政治にどのような影響をもたらすのかを関連部門は考えたことがあるのだろうか。『氷点』は停刊された。まるで蝶々が羽をちょっとはばたかせたかのと同じように。しかしそれが台湾における政治の風向きに変化をもたらし、両岸関係において主動・受動関係の情勢変化をもたらしたことは、関連部門政策決定者の思考の範囲を超えていただろう。彼らは狭く封鎖されたシステム内でのみ問題を考慮することに慣れすぎていたからである。

次に、中国政府による「平和的台頭」という国際的公約の信頼度も、『氷点』停刊事件によって影響を受けた。これは関連部門も予想していなかっただろう。改革開放以来、中国経済は日ごとに市場化している。行政主体の国営商店に独占されたことにより、公正な市場化のプロセスが阻害されたにもかかわらず、中国の生産要素が日増しに市場化しているという全体的趨勢は多かれ少なかれ世界に認められてきた。しかし、中国政府は民主化の手続きを活性化することができず、それはずっと不確定要素のままであった。外界からの懸念の声に応えるため、中国政府は『中国民主政治建設白書』を発表し、中国が民主政治建設の道を進むことを約束した。

しかしながら『氷点』停刊によって、関連部門が思想言論をコントロールしていることが明らかにされ、それによって中国政府は、全力で保護してきた集権政治の上に位置付けられ、中国の「平和的台頭」という約束に暗い影を落とした。どうしてそう言えるのか。なぜなら人類の歴史上、大国の「集権政治＋独占市場経済」という組み合わせは危険な組み合わせである、とされているからである。これは西洋の学会と政界の常識である。一九世紀末から二〇世紀初めのドイツ・日本・イタリアは「集権政治＋独占市場経済」の組み合わせであった。それは政治が強い権力をもち、国家の資源は政府が直接コントロールするごく少数の独占企業に集中され、国内の階級闘争や人民同士の闘争は国外の民族的矛盾に転化され、極端な民族主義をスローガンとして、武力でもって国際市場と原料を奪い取ったのである。昨年六月に朱成虎少将は次のように宣言した。中国は核戦争でアメリカに対抗し、なおかつ西安以東の都市を捨てる準備をするつもりだ、と。これはすでに世界中に大きな波紋を引き起こした。朱成虎氏のような新時代の義和団意識と、関連部門が停刊した『氷点』との意識との間に、内在的関連がないはずがない。政権内部にセンゲリンチン・裁動・剛毅・朱成虎や関連部門の政策決定者のように必要以上に外国を恐れ、敵視するような人間がいることは、人々に中国政府が平和的で安定した政治基準をもっていることを信じられなくさせている原因である。国外で「中国脅威論」が広く言いはやされている今日において、朱成虎氏の核の威嚇であれ、『氷点』の停刊であれ、中国と共産党の命運に対するあまりにも無責任な行為である。

最後に、国内に対しては暴力革命を賛美し、国外に対しては民族の恨みを晴らすように扇動することは、実は中国と共産党の未来にイデオロギー的地雷を埋めることなのである。改革開放以来、為政者たちが国外に対してとってきた温和で理性的な態度は、ネット上でしばしば軟弱な売国行為だとののしられてきた。関連部門は極端な民族主義一辺倒であり、これは危険なことだ。かつての義和団が成功しなかったが、もし成功して大局を掌握していたとしたら、清王朝はどうなっていたか。李鴻章らが絶対に義和団の「扶清滅洋」の言葉を信じようとはしなかったのは事実だ。

それから、関連部門が継続して暴力革命を賛美しているが、全くでたらめも甚だしい。いうまでもなく暴力革命は中国の平和的発展の助けにはならないし、共産党の党利の面から言っても、現在なお暴力革命を賛美することは、全く解せない行動である。革命とは、非圧迫者が圧迫者をひっくりかえす暴力行為である。では現在の圧迫者は誰なのか。権力を持つものが圧迫者なのだ。これは分かりきったことではないだろうか。今日の共産党は既に中国を統治する執政党であり、革命前の盟友は今日の敵と変わり、革命前の敵が今日の盟友となっている。暴力革命の賛美は毛沢東の暴力的魂を民衆の心に押し込むことであり、それはつまり最下層で兵を挙げて造反することである。こんな簡単な道理は言うまでもない。鄧小平から江沢民まで、一心に階級闘争や暴力革命の文化をなくそうとしてきたのに、関連部門はそんなことも分からないのだろうか。『氷点』が停刊させられて、ネットでは左翼の怒れる若者たちが熱狂している。彼らが「左」であるとみなすなら、彼らはあなたたちの政権を愛するだろう。分かっていないのだ、暴力革命を否定することは、今後暴力革命を起こさせないためだ。これは中国が平和的に発展するために精神的地雷を除去しているのだ。この意味からすると、関連部門は歴史的記憶のために将来の安定を犠牲にすることになる。彼らは頭が悪いのだろうか、それとも別のたくらみがあるのだろうか。

ある晩帰宅すると、留守電の赤いランプが光っていた。聞いてみると、南方なまりのご老人の声であった。「新華社の楊翊です。李大同さんによろしく」

楊翊さん、これはまた懐かしい名前だ。彼は元中国記者協会書記部第一書記だった。一九八九年五月九日、彼ともうひとりの記者協会書記唐非氏は心から私たちに応対してくれて、私たちが党中央と報道体制の改革について対話を行うことを求めた文書をできるだけ早く渡してくれる、と約束してくれた。その後数日間、我々報道界の代表と鳴り物入りで具体的な対話会の詳細を準備した。しかし、情勢は突如として変化し、すでに中央テレビに現場の生中継まで予約しておいた対話会は行われず、それからずっと彼の消息に関して何も聞いていなかった。

私はすぐに着信記録にしたがって楊さんに電話をかけなおし、感謝の言葉を述べた。楊さんの話では、一九八九年以降しばらくして彼は退職し、「精査」の時もあの対話活動によって巻き添えをくらい、「同情的態度を持っている」と罵られたという。彼は、あの事件は深く印象に残っている、と言った。今回の『氷点』停刊事件に彼はずっと関心を寄せていて、なにも実質的な支持はできないけれど、私の電話を聞いて個人的に声援を送ってくれたのだった。

我々を驚かせ、また感動させてくれたのは、元中央政治局委員・国務院副総理・人民代表大会常務委員会副委員長の田紀雲氏が、盧躍剛氏に「断固君たちを支持する」というショートメールを送ってくれたことである。

同時に、国外メディアの特集報道のほかにも、大量の海外中国語メディアも数え切れないくらい多数の『氷点』停刊事件に対する分析の文章を発表し、そのなかの多くがすばらしい洞察を持つものだった。もし全部を合わせたら本一冊にしてもあまりあるくらいである。

もちろん、すべてのプロセスの中には、いわゆる「新左派」の人々もいたし、袁偉時氏の文章を「奴隷化を匂わす史学」と攻撃し、役所側が『氷点』を停刊にしたことに対して理解を示したり、私に対して無礼な態度をとったりする者もいた。海外の中国語サイトではありもしない事がでっちあげられていたり、私に対する辛辣な悪口が書き込みにあったりもした。

これはとても正常なことだと私は思う。全ての人は皆自分の立場というものを持ってしかるべきであり、意見を公に発表する権利もある。もし彼らがもともと真面目に問題を討論しようと思っていなければ、私はなにも彼らにかまう必要はないのだから。「行く道が異なれば、ともに大事を謀らず」、そのとおり。

十四　最後の結着

二月八日以降、わたしたちはほとんど待ちに徹し、中国共産党中央紀律検査委員会に送った申告書が手続きに従って送られるのを待ち、「できるだけ早くケリをつけ復刊するように」という案が出されるのを待っていた。

二月一三日午後。あれから七日も過ぎていたが、まだ何の動きもなかった。わたしは約束どおり本紙の党組織書記王宏猷氏に電話をかけ、わたしの申告書が送られたかどうか尋ねた。彼は私をオフィスに呼び出した。座ってから、彼は言った。「青年団中央で常に党務活動をしている同志の検討を経て、たくさんの党内法規を検索した上での見解だが、上級組織には党員個人の訴えを上申する義務はない。だから、きみの申告書は返すから、自分でやりかたを考えて提出してくれ」と。

一瞬、わたしは自分の耳を疑った。最も確固たる党規定の手続きなのに、なんと青年団中央の小役人たちがああだこうだと責任逃れしたあげく、言い訳が「そんな手続きはない」とは。まったく最低限の道徳感も失った腐れ官僚どもが。共産党内で明文をもって規定されている正常な民主制度だというのに、すでにこんなに踏みにじられているなんて、まったく私の想像を超えている。一九八九年みたいな厳しい「清党」（党内粛清）の空気のもとでも、当時の青年団中央の責任者はこんなことをしていなかっただろうに。

私は申告書をオフィスに持ち帰った。このとき、私には二つの選択肢があった。ひとつはすぐにネットで発表すること。もうひとつは自分で送ること。私は盧躍剛氏と相談して、やはりまず自分で送り、他人に口実を与えないですむようにした。彼らは政治的に汚い手を使うことを厭わないだろうが、わたしにはできない。党内のあらゆる手続きが全部ダメだったら、そのときまた公開するかどうかを決めよう。

二月一四日、我々は即座に中央紀律検査委員会に呉官正第一書記の秘書は誰かと問い合わせ、確かなルートを通じて申告書を届けた。遅くとも二月一六日には回答を受け取れるはずだ。このような大事件に秘書が答えないということは恐らくないだろう。

しかし「早急に復刊プランをまとめる」ということはいささか疑わしい。新聞社幹部がこの件にして会議を開くのをいまだに見たことがないからである。彼らは何を待っているのか。それはいうまでもなく共産主義青年団中央委員会の最終決定だ。

二月一六日午後三時ごろ、王宏猷社長が電話で我々をオフィスに呼び出した。本紙『中国青年報』の陳小川常務副編集長が席についている。

王宏猷社長は我々に向かって以下の決定を読み上げた。


『氷点週刊』に対する粛清と早期復刊を目指すための処理に関する決定

一、李而亮党委員会副書記兼総編集長に、党委員会においてチェックの不十分さに対する踏み込んだ調査を命ず。
二、編集委員会に、共産主義青年団中央委員会に対し書面調査報告を提出し、かつこの経験と教訓を真摯に総括し、新聞発行に対する思想をより正すこと、規則と制度を整備すること、責任制度を明確にすることに対し具体的な対策を策定・履行することを命ず。
三、李而亮と潘平の今月の賞与と李大同の今月の業績給を控除する。
四、『氷点週刊』に対する人事異動
李大同の『氷点週刊』編集主幹の職を解き、新聞研究所への転属を命ず。

盧躍剛の『氷点週刊』編集副主幹の職を解き、新聞研究所への勤務を命ず。

陳小川副社長（党委員会委員・常務副編集長）に『氷点週刊』編集主幹の兼任を命ず。
五、『氷点週刊』は停刊による整頓期間中に、この経験と教訓を真摯に総括し、新聞発行に対する指導思想をより正し、規則と制度を整備し、出版プロセスを明確にし、職場責任を徹底させ、一週間以内に編集委員会と党委員会に静粛状況を提出しなければならない。
六、袁偉時の「近代化と歴史教科書」の文章への反論記事作成に真摯に取り組み、『氷点週刊』復刊第一号に掲載し、すでに広がっている悪影響を一掃する。
七、『氷点週刊』は二〇〇六年三月一日から復刊する。

中国青年報党委員会
二〇〇六年二月一六日

彼らが待っていたのはまさにこれだったのだ。最高指導者の復刊指令は一刻も早く実行しなければならない。また、自分に逃げ道と体面をつくろうとし、さらに今回の件で『氷点』の良心の息の根を止めようとした。それでこのような下劣な手を弄したのだ。

私はすばやく頭を働かせた。ただちに態度表明すべきか、この決定を受け入れざるべきか、と。

細部と順序の正当性からすれば、この復刊決定はきわめてでたらめである。復刊決定はあろうことか新聞社自身でなされたものだから。これは下部機関の新聞社が上級の共産主義青年団中央委員会の停刊決定を覆したに等しく、まったく合法性がない。思うに、共産主義青年団中央委員会はこれ以上恥ずべき記録を残したくなくて、完全にわが身を蚊帳の外に置こうとしているのだ。また免職や配置転換は一種の行政処分として正当な理由を提示しなければならないが、この決定には何の理由も提示されておらず、成り立たない。はっきりしているのは、新聞発行手順に則って、たとえ袁偉時氏の文章の発表が確かに処罰の対象となるべき誤りであったとしても、この処罰もただ総編集長のみが受けるべきだ。なぜなら総編集長だけが、発表するか否か、どう発表するかを決められるからである。

しかし全体からすれば、このように大規模な、歯に衣を着せぬ公開論争で、当局をあっけなく妥協させ、『氷点』復刊承認に追い込んだことは、すでに政治的にはかってない勝利となっている。これに比べれば、私が編集主幹を更迭され、『氷点』から配置転換させられた如きは、とてもソフトな復讐とみなすことさえできる。時代はついに変わったのだ。だが同時に盧躍剛編集副主幹が更迭されたのは予想を超えるものだった。彼は袁偉時氏の文章の発表とは何の関係もなかったからだ。これは彼と私が一緒に闘いに立ち上がり、怒りを込めて趙勇氏への公開状を出した前科のため、当局がこの機会に彼と私を一緒にして復讐に出たのだ、ということははっきりしている。

我々二人が同時に去れば、『氷点』はもはやこれまで通りではありえないことは言うまでもない。『氷点』本来の資質と人事の枠組みを極力保つということでは、我々は負けたのだ。もしこれが幕引きであったならば、双方は総合的には引き分けであったといえよう。しかしこれは、中国の政治体制の中で法による闘いによって勝利した初の先例を作ったのだ。私個人はこのために代償を払いはしたが、それは取るに足りないことだ。新聞研究所に二度目のお勤めをすれば済むのだから。

私は何も言わず、この決定を受け入れるつもりだ。手続き上は上級機関の共産主義青年団中央委員会に上訴できるが、誰の目にも明らかなように、これは同委員会そのものの決定なのである。再び彼らに正義を求めるのは、到底できない相談だ。彼らのふてぶてしいやり口はとっくに存じ上げている。いたずらに時間を無駄にする必要はない。

落ち着いてコピーの提供を求めると、私は立ち上がりその場を離れた。盧躍剛氏が続いて呼ばれ決定を聞かされた。彼は免職の理由を問い詰めた。相手はいい加減な理由を三つ挙げたが、ナンセンスもいいところ、恥知らずも甚だしい。

夜六時、行われたばかりの外交部の記者会見で、同部スポークスマンが『氷点』停刊事件について外国人記者の質問に答えた、と何人かの外国人記者が知らせてくれた。内容は復刊決定の文章と口裏を合わせたように同じものという。同日、国務院報道弁公室も同様の発表を行った。ちょっとした『氷点』復刊のニュースを、こともあろうに二つの国家外交機関がご丁寧に発表したことに、このことがどれだけ大きな国際的な影響を引き起こしたかがよく見て取れる。

その夜、編集部全員で改めて会食しようと、普段行きつけのレストラン「黒木崖」に行くと、灯りが消えて真っ暗なのに気づいた。近づいて見ると、「当店は営業停止中」と張り紙があり、我々は思わず声を上げて笑い、やむなく他のレストランに行った。

その夜、私と盧躍剛氏は相談し、私が更迭決定に対する共同声明を起草することを決めた。

二月一七日午後、共同声明をネットで発表した。

李大同・盧躍剛の『氷点』停刊の経緯に対する共同声明

二〇〇六年一月二四日、共産主義青年団中央委員会は『氷点週刊』停刊処分の決定を下した。李大同が一月二五日に発表した公開抗議文で述べたように、この全過程には憲法ならびに法律の根拠がまったくないだけでなく、管理手続きの正当性さえうち棄てられており、陰謀と細心な計算といった感じが強く漂う。「官僚たちがテクニックを徹底的に駆使しているが、価値（効果）の面からするとむしろ滑稽だ」と評する友人もいる。信なるかなこの言、である。

当局者の使う手がいかに卑怯であろうとも、我々はむしろ正々堂々と事を進めなければならない。二月六日、李大同は中央紀律検査委員会に渡す申告書を正式に新聞社の党委員会王宏猷書記に手渡した。王書記は、手続きに則って必ず申告書を届けると二つ返事で承諾し、受け取った。彼が迷わず承諾したのは、党員の常識――党組織は党員の上訴をレベル順に取り次ぐ義務がある――に拠ったからだ。

ところが七日間引き延ばされた後、李大同の追及を受けて王書記は二月一三日、やっと共産主義青年団中央委員会の回答を伝えた。それは多くの人が党規約の各項を検討した後、上級の党組織には党員の上訴を必ず取り次ぐ義務ない、と認識したため、申告書を中央紀律検査委員会に取り次がず、自ら処理するよう本人に返却することを決めた、というものである。

多くの人が検討した結果とは、まったくとてつもない冗談だ。ここに関連条文をそのまま書き出す。党員は本人或いはその他の人に対して党組織が決定した処分について、党の会議で或いは上級組織へ、さらには中央にまで声明・上申・告訴及び抗弁を提出する権利を有する。党組織はこの党員の声明・上申・告訴及び抗弁に対して速やかに処理或いは取次ぎ、これを握りつぶしてはならない。担当機関はたらい回しをしてはならない。上申状と告訴状を被告訴人に引き渡して処理させてはならない。申述者或いは告訴人に対して報復攻撃を加えてはならない（「党内政治生活に関する若干の準則」より）。

かくのごとく根拠のある明確な規定について、あろうことか共産主義青年団中央委員会の多くの人が検討した後、完全に反対の結論を導き出したのだ。私は驚きのあまり思わずため息をついた。首都にある党の上部組織がここまで厚顔無恥だったとは、彼らは人としての最低限の道徳さえないのか。

二月一四日、我々は信頼できるルートを通じて、直接中央紀律検査委員会に申告書を上程した。これは二月一六日には送り届けられるはずとの信ずるに足る理由があった。

しかし二月一六日午後、申告書（告訴状）がまだ中央の関係幹部の目に触れていないことが明らかになる前に、中国青年報の党委員会は即我々に七か条の決定を言い渡したのだ。その主な内容は以下の通りである。

李大同氏の『氷点週刊』編集主幹の職と盧躍剛氏の『氷点週刊』編集副主幹の職を解き、両人ともに新聞社の新聞研究所へ転属(一九八九年の天安門事件の後、李大同は免職処分を受け、ここに五年間仕事もなく閑居した。今回は二度目のお勤めだ)させる。

『氷点週刊』は静粛報告を提出した後、三月一日、復刊する。

袁偉時氏の「近代化と歴史教科書」の文章への批判記事作成に真摯に取り組み、『氷点週刊』復刊第一号に掲載する。

党規約の規定に違反し、前の処分への告訴を引き延ばして握りつぶした後、間髪を容れず処分を重くし、いかなる理由も提示しない。しかるべき正当な道理など少しもないではないか。

李大同更迭の理由は何か。仮に『氷点』に「観点の誤った」記事を掲載したことにしよう。しかしジャーナリストであればはっきり分かっていることだが、文章を掲載できるかどうかの決定権は紙面編集責任者にはなく総編集長にあり、総編集長の閲読審査を経て署名捺印がなければ、いかなる文章も掲載できないのである。これまで『氷点』では、総編集長がしばしば原稿の差し替えと紙面の撤回を行ってきたが、これはまさに正規の新聞発行手続きそのものを示している。「近代化と歴史教科書」の文章を例にとると、発行前に李大同は担当副編集長や総編集長と十分な検討を行い、必要な削除を行った後で発表することを最終決定した。最後の削除作業は総編集長自ら仕上げた。言い換えれば、李大同は紙面編集責任者として、新聞発行の中間段階の責任を負うだけであり、最終的に文章を掲載・発行するか、どのように掲載・発行するかについての責任を負うことはできない。こうした新聞編集・発行の常識を書くのは、李大同が負うべきいかなる責任をもうやむやにしようとしているのではなく、このような愚昧な処分決定を行った人に、大官ならでたらめができると思うな、と知らせようというものだ(規約上の根拠が全くない経済的処罰となればなおさらだ)。

この文章に間違いがあるかどうか、間違いが何処にあるのかは、権限の大きい高官の一声で決めてはならず、レベルの高い討議で識別・分析しなければならない。段階的に共通認識に達することが正常な流れであり、討論に参加する各人が自分の意見を持ち続けるのも正常なことだ。異常にかつあくまでも反対するのは、まさしく「朕は真理なり」だ。横暴に『氷点』停刊を命じ、同時に反対するものの意見発表の権利をも剥奪した。

彼らが言わなかった本当の原因は、李大同がなんと思い切って公開抗議をし、海外のマスコミの取材を受けて事実の真相すなわち、「州官の放火は大目に見て、民衆には灯りをつけることも許さない」という権力の専横ぶりをしゃべったことなのだ。彼らの頭の中にはもとから国民の権利のかけらもなかったのである。

盧躍剛更迭の根拠はなにか。盧躍剛と上記の文章の発表とは全く何のかかわりもない。その根拠を追及されて、新聞社党委員会書記はいい加減な理由を三つ挙げた。

一、新聞社の内部サイトに元中国青年報のベテラン記者劉賓雁を追悼する文を発表した。

二、海外のマスコミの取材を受けた。

三、国内の「民主活動家」と連絡を取り合っていた。

実に笑止千万だ。新聞社の有名な先輩が他郷で客死に追い込まれた後、後輩としてそれを内部サイトで追悼したことに罪があるのか。この老人は八〇歳の高齢で、重病に伏しながら何度も帰国を申請したにもかかわらず認められなかった。そうした役人どもに人道と呼べるものが少しでもあるのか。小さい追悼文で盧躍剛を処罰するとは、世にはなお「冷血」の二字があるのが知れる。

海外のマスコミの取材を受けてはいけないのか。中国の憲法や法律の何処にそんな禁止条項があるのか。

国家指導者や各レベルの役人が海外マスコミの取材を受けることは数知れずだが、やはりこれも罪に問われ更迭されなければならないのか。確かに我々は国内のマスコミの取材をより受けたいと願っているが、当局は一切のマスコミとネットワークを封鎖し、音信を発する個人のブログさえ規制・禁止している。甚だしい災禍を防ぐが如く民の口を塞ぐとは、可笑しくも憐れだ。ちょっとした真相に過ぎないでないか。そのように恐れることもないではないか。

「国内の民主活動家と連絡を取り合っている」に至っては、いっそうでたらめで根拠がない。告げられた二人の名前だが、片方は盧躍剛がいまだかつて知り合ったこともなく、顔を見たこともない。もう一人は長年の友人である。人に罪を着せようとすれば口実はいくらでもあるものだ。

これは、盧躍剛が、二〇〇四年に発表した「中国共産主義青年団書記処常務書記趙勇氏への公開状」及びその後の『中国共産主義青年団書記処常務書記趙勇氏への公開状』に対する共産主義青年団中央委員会の政治的結論に関する周強氏と趙勇氏への抗弁書」(未発表)において周強氏と趙勇氏を批判したことに対する公然たる復讐攻撃と醜い政治的冤罪である。一連の運動が一段落する時期を待って復讐を行うのはこうした人たちの常套手段で、もともと珍しくもないが、知能は三歳の子供より幾分ましな程度ではないだろうか。

少数の役人が本当に仏のような慈悲をもって、にわかに広範な読者のことを考え、早急に『氷点』を復刊させたのかといえば、答えは「否」である。彼らは国内外の激しい世論を恐れ、自分の、少々カモフラージュした国際的イメージというものを考えて、『氷点週刊』の看板を掲げさせたに過ぎず、実は『氷点』の良心を抜き去ったのだ。中心となる編集者がいなくなった『氷点』はどんな状況か。おべっかを使うだけだ。聞けば、復刊第一号にはお上の命令に従い、袁偉時への批判があったそうだ。

『氷点』の熱心な読者諸氏には申し訳ない。ともに歩いた一一年間、各号発行後に続々と寄せられる反響はなお記憶に新しく、旧正月ごとにいただいた年賀状は今なおありありと目に浮かぶ。我々は一面識もないにもかかわらず、しばしば電話で古馴染みのように話をし、メールで批判・論議を交わし……『氷点』停刊からわずか十数日の間に、一七歳の高校生から八〇歳の教養人の方に至るまで数百人の読者から問い合わせの電話をいただき、続々と支持・声援のお手紙を頂戴した。元中共中央宣伝部部長、人民日報や新華社の元社長、中国共産党古参党員、古参幹部といった方々が、中共中央宣伝部の官吏の憲法違反行為を公然と糾弾された。さらに多くの読者が怒りをもって郵便局に出向き購読契約を解約している。我々は人間的な温かさを感じた。我々は孤独ではない。

人々が欲しているものは何か、それは憲法の保障する報道・言論の自由であり、生活を取り巻く環境において価値の高い情報であり、世の中の不公平に対する検証と情報公開である。社会的強者層への規制と社会的弱者層への援助であり、国家民族存続と発展に不可欠な深く本質に触れる思想である。しかし納税者の税金で発行され、同じく納税者の金銭で購読される新聞が、通常は中央宣伝部の役人によってくだらない記事で埋め尽くすことを強要されている。これは違法な権限乱用であり犯罪である。こうした状況に終止符を打たなければ、人民の精神と創造力は永遠に生彩を放つ時が訪れず、市民社会の到来も前途遼遠である。

我々は『氷点』の仕事において身を謹み怠けることなく、読者に望まれるニュースや文章を編集発行してきて若干のお褒めをいただいているが、これは報道の仕事上の責務に基づき己の任務を果たしたに過ぎず、それと同時に『氷点』の同僚たちと共に作り上げた成果なのである。我々は『氷点』の同僚たちに謝意を表さねばならない。彼らの一流の働きがなければ、『氷点』の今日はなかったかもしれないのだから。もし我々の権利保護行動が彼らの仕事や生活に迷惑をかけたなら、心からお詫びを申し上げる他ない。そしてそれは我々の本意ではない。我々の個人署名による行動のすべては、我々が全責任を負うものであり、彼らとは関係ない。

どれほどの原稿を書き、書き直したかわからないあの眠れぬ夜、どれほどの緊張と充実感があったかわからない火・水曜日。年齢を超えた『四〇八アニメ世界』。この場を借りて、我々は『氷点』の同僚たちに告げる。我々はあなたたちと一緒に過ごした楽しい日々を懐かしく思う、我々はあなたたちを愛している、と。

次に、一一年間に『氷点』に寄稿してくださった国内外の執筆者の方々すべてにお礼を申し上げたい。我々はそれぞれの原稿からにじみ出る支援・期待・安らぎ・以心伝心・英知と情熱を決して忘れない。我々は数々の編集作業の中で紡いできた感動的な物語をいつまでも大切にとって置くことにする。

我々両人、李大同は『中国青年報』に二八年間、盧躍剛は二〇年間奉職したベテランジャーナリストといえるだろう。ここに『氷点』に掲載された、『中国青年報』の尊敬すべき総編集長王石氏への追悼文「ジャーナリスト王石」の言葉を引きたい。「老ジャーナリストは永遠に死なず、ただ飄然として去るのみ」。いかなる強権といえども、中国を含めた人類社会の自由への渇望と希求の息の根を止めることはできない、と我々は確信している。

『氷点』は死んだ。『氷点』に罪はない。『氷点』の再生を！

二〇〇六年二月一七日未明

同日、私は中央紀律検査委員会への申告書をネットで発表し、次のような感想を書き加えた。
『氷点』停刊事件がここまで進展したことは、党内規定という筋道を通して話し合いで問題解決に努力しよう、という我々の善意が幻想に過ぎなかったことを証明した。党規約を紙屑とみなすこのような共青団から中央宣伝部までの官僚グループを前にして、それでも彼らが憲法を尊重することが期待できようか。後日の証拠として保存しておこう。

中国共産党中央紀律検査委員会の呉官正氏ならびに胡錦涛・呉邦国・温家宝・曽慶紅各氏への報告

二〇〇六年一月二五日、中国青年報の折り込み雑誌『氷点週刊』は、中央宣伝部の一部の幹部に停刊処分を命じられた。この処分は、なんら憲法・法律による根拠がなく、党の規約と「党内政治生活に関する若干の準則」の明確な規定に著しく違反し、下級党組織と党員の正当な権利を侵した。また、新聞編集者・記者の正当な働く権利を侵した。広範な新聞定期購読者の持つ、購買契約に基づいて期日通りに『氷点週刊』を読むという法定の権利を侵し、国内外に悪影響を及ぼし、わが国の改革開放のイメージを著しく損ねた。

ここに党規約第一章第四条第四項の規定に基づき、申告書を提出する。

一、中国青年報『氷点週刊』について

『氷点』は中国青年報で一九九五年一月から始まった特別紙面である。開始時より、幅広い読者からの好評を博し、一九九五年末に行われた大規模な読者アンケートでは、「最も好きな紙面」の第一位となった。また、一九九六年には、中共中央宣伝部の行った評議会で、「中央主要ニュースメディア優秀記事コラム」と評された。

一九九八年から一九九九年には、毎週月曜日から木曜日まで四日連続掲載となり、「氷点時評」というコラムもつくられた。二〇〇〇年、「氷点時評」は中華全国報道関係者協会による第二回「中国報道優秀記事コラム」に選ばれ、二〇〇三年には『氷点』が同協会による第三回「中国報道優秀記事コラム」に選ばれた。また、全国記者協会はこれより以前に、七省市の各界読者に大規模なアンケート調査を行ったが、『氷点』はこのアンケート調査において、新聞部門の第一位となった。

二〇〇四年六月、読者の要望に応えるべく、『氷点』は毎週水曜日に掲載される四面構成の週刊となった。『氷点週刊』は創刊以来読者から常に好評を博し、中国青年報が毎月行うアンケート調査で閲読率はいつも首位、平均閲読率は常に七〇パーセント以上で、『氷点週刊』四紙面中三紙面が、読者の「最も好きな紙面」に選ばれた。

また、『氷点週刊』の記事はしばしば他のメディアに転載され、読者にも業界内にも大きな影響力を持っていた。

『氷点』第一号の紙面

二、事件の経緯

二〇〇六年一月二三日午前、青年報の総編集長より、中共中央宣伝部報道検閲班から意見があったと告げられた。それは一月一一日の『氷点』に掲載された中山大学教授袁偉時氏の文章「近代化と歴史教科書」を批判するというものだった。それによると、教授の文章は、「帝国主義を擁護し」、帝国主義の中国侵略という事実を「覆す」ものであり、「中国共産党および社会主義制度に仇なそうとするものである」というのである。このような横暴で道理の無い批判の仕方こそが、中央宣伝部検閲班のやり方である。批判は事実の根拠が無く非論理的で、共産党がとうに明文化して禁じている「レッテルを貼り、むやみに批判する」というやり口で、文章のごく一部をあげつらって故意に主旨を歪曲して解釈していた。こういったやり方はこれまでもジャーナリストたちから蔑視されてきたものだ。

一月二四日火曜日は『氷点週刊』の入稿日だった。在京編集記者はいつも通り、翌日発行する四面を揃えて午後三時くらいに総編集長審査にまわした。しかしこの時すでに、総編集長も副総編集長も団中央書記処の緊急会議に呼ばれており、審査を行う者がいなかった。

午後五時頃から、続々と問い合わせが入ってきた。中央の各ニュースメディア・同業大手サイトからの、『氷点週刊』はなぜ停刊となったのか」という問い合わせである。当事者でありながら、この時点で我々にはまったく事情がわからなかった。その後調べてわかったことは、中央および全国各メディアは、早いところで午前一一時には中央宣伝部から次のような指示を受けていたということだった。「中国青年報の『氷点週刊』を停刊とすることについて、いかなるメディアもこれを報道したり論じたりしてはならない。『氷点』の記者編集者たちの開くいかなる会見にも出てはならない。インターネットやその他いかなる形式においてもこれについて議論してはならない」等々。同時に、国務院報道弁公室や各地報道弁公室からも各大手サイトやその他インターネットメディアに、「中国青年報の『氷点週刊』停刊について一切報道してはならない。論壇において討論してもいけない。もしそのようなものが見つかった場合は直ちに削除すること」という同様の指示があった。これらは、『氷点週刊』停刊に関するあらゆる情報も議論も完全に封じ込めようと意図したものであった。

その日の夕方六時頃から、世界の各主要メディアからの「事実を確認したい」という取材の電話がかかってくるようになった。私はこの時、この事件によってわが国の国際的イメージを著しく損ねるような報道の高まりが起き始めようとしていることを意識した。

七時半、中国青年報社社長で党組織書記の王宏猷氏、中国青年報社党組織副書記で総編集長の李而亮氏に呼ばれ、ミーティングを行った。彼らは「中国青年報『氷点週刊』が「近代化と歴史教科書」を掲載した過失についての処分の決定」を読み上げた。「中国青年報社党組織副書記・総編集長李而亮と中国青年報『氷点週刊』編集主幹李大同に申し渡す。中国青年報は『氷点週刊』を停刊すること。また、関係責任者に相応な経済的処罰を与えること。停刊は一月二五日からとする」という二点であった。

わからないのは、この決定がなぜ団中央宣伝部から出たのかということである。中国青年報は団中央書記処の管轄である。権限からすれば、団中央宣伝部がこのような決定を下す権利などどこにもない。

問題となった文章の発表日（一月一一日）から一月二四日の晩までの間、われわれは所管の上級機関である団中央書記処からはなんの注意も意見も受けていない。我々が受けた意見はみな、中央宣伝部報道局からのものであった（一月一三日に中央宣伝部報道局宣伝処が出した「月報」および、一月二〇日に報道局検閲班が出した『報道批評』）。

一月二四日午後に団中央書記処が中国青年報上層部に対し『氷点週刊』停刊指示を通達した際、「これは団中央の決定ではない」とはっきり言ったという。団中央が全国のニュースメディアやインターネットサイトに情報を封じる命令を出すようなことがあるはずがない。これは明らかに、中央宣伝部の一部指導者による、党紀や国法を無視した職権乱用行為であり、「中国共産党党章」第二章第一四条「党の各級指導機関が配下組織に対して重要な問題に決定を下す際は、通常、配下組織の意見を求めなくてはならない。下部組織の職権の正常な行使を保証しなくてはならない。配下組織が処理するべき問題については、特殊な事情が無い場合、上級機関はこれに干渉してはならない」に反する行為である。

中国青年報が国内外にたくさんの読者を有し大きな影響力を持つ中央クラスの主要紙であり、『氷点週刊』はその中国青年報の最高閲読率を有する紙面であることを考えれば、正当な理由もなく突然停刊となるということが事件となり、国際的な議論をよぶニュースとなるのは当然である。

私はすぐさま、社長と総編集長に、停刊命令はいかなる憲法にも法律にも依拠しておらず、党に対する国民のイメージを悪化させ、わが国の改革開放に対する国際的なイメージをもひどく損なうに違いないと述べ、改革開放という大局を考え、団中央書記処に談判し、翌日の『氷点週刊』発行ができるようにしてほしいと意見した。そしてとりあえず緩和策として、まず私本人の停職処分を受けることにした（しかし、その後私の意見は上に報告されなかった）。私はその時、社長と編集長にこうも言った。「私は、党章や『党内政治生活に関する若干の準則』の規定に基づいて、中共中央紀律検査委員会に中央宣伝部の一部指導者の職権乱用を訴える」と。

その晩一〇時頃、私の個人ブログが突然閉鎖された。ブログ提供サイトが、某市の公安局から期限内にブログを閉鎖するよう強制命令を受けたのだ。管理サイトは、「五分以内に李大同のブログを閉鎖しなければ、サーバーのケーブルを引き抜く」とまで脅されたらしい。

結局翌日、『氷点週刊』は発行されなかった。読者から問い合わせの電話が青年報に殺到した。たくさんの読者が停刊に憤慨して、解約手続きのために郵便局に押しかけた。

同時に、ＡＰ通信・ロイター通信・共同通信・ＡＦＰ通信・タス通信・ＢＢＣ・『ニューヨークタイムズ』・『ワシントンポスト』・『ロサンゼルスタイムズ』・『シドニーモーニングヘラルド』・マレーシアの『星洲日報』・『朝日新聞』・『ボイス・オブ・ジャーマニー』放送局・『タイムズ』・『フィナンシャルタイムズ』・『ガーディアン』など、数十もの著名メディアや、台湾・香港地区のたくさんのメディアでこの事件が報道され、論じられた。停刊事件は、我が党や国家の政治的イメージに挽回しがたい損失を与えた。

一月二五日、中国青年報は『氷点週刊』停刊について、読者たちになんの説明も行わなかった。これは読者や顧客に対してあまりに無責任な態度ではないだろうかと思い(『氷点週刊』を目的として青年報を注文する顧客も多かったのである)、その晩、私は事の経緯をまとめて短い文章を書き、私に直接問い合わせをしてくれた熱心な読者に対して手紙で真相を説明した。

三、中央宣伝部の一部指導者による重大な党章違反および憲法違反

党章は、「党は、憲法および法律の定める範囲で活動する。党は国家の立法・司法・行政機関を保証し、経済文化組織や国民の団体は、積極的能動的に、独立し使命感をもって、協力して活動する」と定めている。また、『中華人民共和国憲法』第一章第五条には、「中華人民共和国は法によって国を治め、社会主義法治国家を建設する。一切の国家機関・武装力・各政党・各社会団体・各企業事業組織も、憲法および法律を遵守しなくてはならない。憲法および法律に違反する一切の行為はこれを追及する。いかなる組織または個人も憲法および法律の枠を超える特権を持つことはできない」とある。第二章第三三条には、「中華人民共和国公民は法律の前にすべて平等である」とあり、第二章第三五条には、「中華人民共和国公民は、言論・出版・集会・結社・デモ行進・示威活動の自由を有する」とある。

袁偉時教授は自身の研究を根拠に、わが国の中学校歴史教科書を批判する文章を紙上で発表した。この行為は憲法が付与する国民の権利である。この文章そのものは、一〇〇年余り前の清朝末期の歴史について論じるもので、正しい学術的な論点によって書かれたものである。文章では、帝国主義の中国侵略を批判すると同時に、国際的な観点から歴史的教訓を改めて分析し汲み取りなおすべき部分があるとし、また、わが国の中学校教科書の中に見られる、史料についての若干の記述や歴史観についても批評をしている。

しかし、党指導者や社会主義制度について言及するような内容はどこにもなく、なんら憲法や法律に違反する部分もない。この論文を「中国共産党と社会主義制度に仇なそうとする」ものであると横暴に批判することはまさにいい加減な言論というべきものである。

憲法によるならば、袁教授には文章を発表する自由があり、読者はこの文章に反駁する自由があり、我々はこれを刊行し文章を交流させる自由がある。これらの権利は侵されざるべきものである。新聞は、異なる意見を平等に交流させるための場所であり、そしてまた、謹厳な態度で書かれた根拠の確かな各種意見や文章を発表する義務がある。そうすることで、異なる観点を持つ論者と読者たちは相互に冷静な交流をすることができ、社会に役立つのである。真理は、議論されるほどに明らかにされていくものなのである。

教授の文章が掲載されてから『氷点週刊』停刊までの間に、編集主幹である私は、袁教授の文章に反駁する文章の投稿を一篇も受け取っていない。しかし、インターネットを見ると、大量の反対意見も支持意見も見られた。これは読者が関心を持っている話題だということを示しており、継続して討論する必要のある話題だということだ。反対意見の中から(非理性的に罵倒するだけのものが多かったが)、私は学術的態度をもって書かれた比較的根拠のしっかりした文章を慎重に選び(投稿名は「子喬」といった)、袁教授に参考のために送った。もしその文章が『氷点』に投稿されていたなら、かならず掲載しただろうと思う(私はその時著者と連絡を取って発表の準備を進めようと考えていた)。袁教授はこの学術的な反論を賞賛し、その意見の根拠や観点を検討した上で再度持論を展開したいという返信をくれた。ここから至極正常な意見交換になるはずだった。それが突然の停刊で中止されてしまったのだ。憲法が保障する公民の言論の自由を侵犯するような、中央宣伝部の一部指導者による横暴な行為は、党章にも違反している。

新聞というのは、顧客が欲する情報提供に対して、顧客が代金先払いで購入する商品である。新聞の生産者と購入者の間には契約が成立しており、この契約は法により保障されていることを意味する。新聞制作者が一方的に契約を変更する権利は無い。今回、中央宣伝部の強制命令で『氷点週刊』が停刊となった上に、新聞紙上でなんの声明も説明もないのでは、これは顧客（消費者）の権益を侵しているといわざるを得ない。

党や国家権力機関が法に則り処分を行うということには、二つの基本的な意味が含まれる。一つは、憲法および法律が禁じていない公民や社会組織の活動を禁じることはできないということ、二つは、憲法および法律が与えていない公権力は行使することができない、ということである。

党組織そのものは国家権力機関ではなく、行政命令を発令する権限は無い。今回、中央宣伝部の一部指導者は、停刊命令を下し、国家の行政権を行使してあらゆるメディアやインターネットサイトに対して『氷点週刊』停刊に関する情報の配布を禁止し、はなはだしきは、私的なブログまで差し止めるということをやってのけ、この情報の発信者を封殺した。わが国の憲法や法律は、中央宣伝部の一部指導者にこのようなことを行う権利を何か与えているだろうか。これは党紀や国法を顧みない職権乱用であり、必ず追求されなくてはならない。

四、中央宣伝部の「党内政治生活に関する若干の準則」に対する重大な違反

「党内政治生活に関する若干の準則」第六章には、「党内の民主を発揚すべく、まず党員は異なる意見を発表しあい、問題に対して十分な討論を行い、互いの知識を出しつくし、議論を尽くさなくてはならない」「誤った認識、誤った言論、誤った文言があったとしても、党紀に反したとして処分されるものではない。揚げ足をとらない、レッテルをはらない、迫害しない『三不主義』を実行せよ。揚げ足を取らない、レッ

テルをはらない、迫害しない、というのはつまり、一人の過ちを声高に批判して罪状を作り出し、政治上、または組織の中で攻撃や迫害を加えることを禁止するということである」とある。また、「党内で、思想上、理論上異なる認識があり、論争を行うことは正常である。思想上・理論上の是非については、事実を調べ、論理的民主的に討論して解決を図らなくてはならず、決して圧力を加えて屈服させるような方法をとってはならない。すぐに解決できないような思想や理論は、重要な政治性かつ緊急性がある問題以外は、解決を急いではならない。研究が進み実践を経てからの解決を待て」とある。

「準則」はさらに、「思想認識の問題について、恣意的に『審旗（旗を折る）』『毒草』『資産階級』『修正主義』などのレッテルを貼るようなことを行うならば、敵対関係のある政治問題になり、党内の正常な政治生活が損なわれるだけでなく、思想の硬化の原因となる。また、党を覆そうという野心を持つ者に利用され、社会主義国家の民主的秩序が崩れる。このような行為は絶対に制止されなくてはならない」とある。

『氷点週刊』に発表された袁教授の文章について、異なる見解が存在するのは正常である。異なる意見の文章を適時に発表していくことも、我々はしていかなくてはならない。中央宣伝部検閲班がこの文章に対して意見を述べたこともまた、正常ではある。しかし、意見を述べるのならば、党内政治生活準則の規定を遵守し、事実に基づき論理的に述べなくてはならない。また、反対の立場の意見を聞き、もし意見が一致しないならば、討論をすべきだ。特に、たくさんの歴史学者の意見に耳を傾け、結論を急いではいけない。これこそ党内民主生活のあるべき姿ではないか。しかしながら、中央宣伝部検閲班は、むやみに批判し、レッテルを貼るというやり方で乱暴に非難し、一〇〇年前の歴史の教訓を論ずる文章に汚名を着せ、「中国共産党および社会主義制度に仇なそうとする」とはいったい何事だろう！

中央宣伝部の一部指導者は、「準則」の規定を顧みず、批判された本人はおろか、青年報の総編集長すら批判の内容がよくわからないうちに、『氷点週刊』停刊を強制的に決定し、不当に国家権力を用いて、あらゆるメディアやインターネットサイトを封鎖し、私的なブログまで閉鎖させた。まさに「党内民主制度に違反し、革命道徳の品性に反した」行為であり、直ちに制止されるべき行為である。

総じて言えば、中央宣伝部の一部指導者が指示し、団中央により執行された中国青年報『氷点週刊』停刊命令は、党章および党内政治生活準則に違反しているほか、憲法および法律に対して重大な違反を犯しており、国民に多大な悪影響を及ぼし、台湾との平和的統一への道のりにも、政党および国家の国際的イメージにも大きく影響を及ぼした。

私は、「党章」および「党内政治生活に関する若干の準則」に基づき、今回の事件の全貌を徹底的に究明し、中央宣伝部の一部指導者の規律違反と法律違反の責任を追及すること、『氷点週刊』の正常な刊行が回復されることを要求する。

以上

中国青年報『氷点週刊』編集主幹　李大同

二〇〇六年二月六日

今回、盧躍剛氏が二年前に書いた「団中央が『中国共産主義青年団中央常務記者趙勇氏への公開状』に対して行った政治的結論について、周強氏・趙勇氏に送る抗議文」もあわせて公開する。これもまた、正義感と悲壮感あふれる檄文である。

十五　結び、終わりのない終わり

何日か前に、ベテラン幹部が私に一通の手紙を転送してくれた。手紙は中央政治局常務委員あてに書かれたものだった。ベテランジャーナリストであり、著名な経済学者である馮蘭瑞氏は、事件が収束したと見えた後であっても、自分の見解を伝えたかったのだろう。

尊敬する胡錦涛同志
尊敬する中央常務委員同志

私は長く共産党員を務め、長く青年団にて活動を行なってきてきた者であり、中国青年報にジャーナリストとして長く勤めてきた者です。一月二四日の中国青年報『氷点週刊』停刊以来、事の次第を見守ってきました。

二月一六日中国青年報党組織が『氷点』復刊に同意したことを知り、問題は既に解決されたかのように見えました。しかし、実際にはいまだ解決していないのです。『氷点』の停刊から復刊までの過程が、この事件が決して独立した問題ではないことを示しています。この問題が国内外に大きな影響を引き起こしたことは当然なのです。

一、団中央が中国青年報の『氷点週刊』に対して横暴な圧力をかけたことは誰もが知っています。しかしこれは表舞台の影絵にすぎません。黒幕は党中央宣伝部であり、更に具体的に言えば中央宣伝部の権力者です。ここ二、三年彼らが報道規制を大々的に行ってきたことで、一連のメディア事件が発生しています。『氷点週刊』の件はこういった事件の直近の一例に過ぎず、権勢部門による違憲行為の典型的事件なのです。

我が国の憲法は公民が言論・出版・集会・結社・デモ行進の自由権を有することを規定しています。公民の権利は憲法で保障されたものです。中央宣伝部の権力者の粗暴な行為は公民の権利の侵害であるだけでなく、国家の憲法に対する蔑視と挑戦である。

中央宣伝部には「検閲班」があり、毎日全国主要各紙を「審査」し、メディアの粗探しをしています。問題のある文章を掲載していると判断した場合には直ちに批判し、警告し、停刊措置をとり、編集長をすげ替え、さらには全面的に指導グループを改組します。またブラックリストを公表し、メディアに対しリストに名前のある人物の文章掲載を禁止します。このように公民の自由権を侵害し、公然と憲法を踏みにじっているのです。

政権を担う立場にある共産党は模範となり憲法を遵守し、実施し、擁護するべきだと思います。中華人民共和国憲法の序言には「全国の各民族の人民、一切の国家機関・武装力、各政党・各社会団体・各企業事業組織は必ず憲法を根本的な活動規則とし、憲法の尊厳を守り憲法の実施を保証する責任を有する」と記載されています。胡錦涛同志は憲法施行二〇周年記念大会で以下のように述べました。「いかなる組織・個人も憲法・法律を越える特権を有してはならない」。では一体誰が中央宣伝部の「検閲班」にこのような特権を与えたというのでしょうか。

二、今回『氷点週刊』の事件が起こった直接的原因は袁偉時氏著の「近代化と歴史教科書」を掲載したことです。袁氏の文章は主に我が国の一〇〇年前の近代史における若干の重大な歴史事実に関連するものであり、誤りがあるのかどうかは研究成果のある史学の専門家によって研究・論評され、読者が判断すべきなのです。袁氏の文章に誤りがあるかどうかの研究・論評が行われず科学的結論が出されないままに、団中央宣伝部は強く非難し、「歴史的事実に大きく反し、報道宣伝規律に背き、中国人民の民族感情を著しく害し、中国青年報のイメージを損なった」と大げさに批判しました。政治的レッテルを貼り、政治的に攻撃して『氷点週刊』の停刊を決定したことは非常に軽率で不真面目な行為なのです。

三、中国青年報党組織が三月一日からの『氷点週刊』復刊決定をしたことを当然歓迎します。しかしその決定の第四項にある『氷点週刊』の人事異動処分は公正ではありません。すでに述べたように『氷点週刊』が停刊に追い込まれた原因は袁偉時氏の文章を掲載したことですが、袁氏の文章に誤りがあるかどうか、いまだ事実に即した科学的結論は出されていないのです。ならば、この文章を掲載したことがどうして当事者である正副編集主幹を免ずる根拠になるのでしょうか。

百歩譲って、袁氏の文章に誤りがあったとしても、『氷点週刊』の正副編集主幹に主な責任を負わせることはできません。この文章を編集する前に編集主幹の李大同氏は原稿を李而亮中国青年報編集長に送り閲読審査を受け、その結果李編集長が発表を許可したのです。よって、中国青年報党組織による『氷点週刊』正副編集主幹の職務取り消しに関する決定は公正ではないのです。

『氷点週刊』の正副編集主幹に対する処罰は冤罪であり、将来この間違いが正されなければなりません。このようなやり方は、党中央が調和のとれた社会を構築するという方針と一致せず、当然是正されるべきです。

以上の状況と分析に基づき、胡錦涛総書記と中央常務委員会の同志に対し、謹んで以下の通り提案致します。

一、中国青年報『氷点週刊』が休刊に追い込まれたこの事件に対して厳正に対処し、真摯に教訓を総括し、法に従って国を治める姿勢を守る。憲法によって与えられる公民の言論・出版・集会・結社・デモ行進等の自由権を生きたものとし、毅然とした態度で着実に立憲政治構築を推し進め、国家政治生活・社会生活を憲法・法律の軌道に乗せ、法治国家建設に力を入れる。

二、教育部及び関係部門に、責任をもって専門家チームを発足させ、袁偉時氏の文章が指摘した問題を検討させる。メディアでは、まず中国青年報『氷点週刊』において中国歴史教科書に関する討論を展開し、鄧小平氏が提案した「三不政策」（迫害せず、揚げ足をとらず、レッテルを貼らず）を実行し、各種の異なる意見を十分に発表してもらう。そして、歴史的事実に基づいて我が国の現行の歴史教科書を修正する。

三、「検閲班」の設立過程及び数年来の行為に対して、中央宣伝部に責任を持って事実通りに党中央に書面で報告させ、状況と問題に応じて同課を処罰ないしは解散させる。

四、二月一六日決定の『氷点週刊』に対する人事について、中国青年報党組織に責任を持って再検討させ、元の正副編集主幹の職務を回復することで、今回の件が及ぼした国内外における党や国家への悪影響を一掃することで、社会の調和と安定した発展を促進する。

以上

敬礼

『中国青年報』ジャーナリスト　馮蘭瑞　（印）

二〇〇六年二月二六日

この八六歳の老人は、役に立つかどうかはわからないが、話すかどうかは私の自由なのであり、私は話さねばならないと思う、と言った。

三月一日、『氷点』は予定通りに復刊した。復刊号で袁偉時氏に対する批判文の掲載を余儀なくされた。この文章は学術的な風を装ってはいるが、実際はお世辞にもすばらしいとは言えない。私は、紙面に『氷点』編集者の署名がなく、さらにこの文章には『氷点』創刊以来の文書番号が付されていないことに気づいた。編集部の同僚たちはこの文章が『氷点』のものであるとは認めていないのだ。

「批判文章」の発表後、袁偉時先生は反駁文を書くとおっしゃった。私は発表の望みがないことを知りつつも、学術の尊厳と言論の自由のため闘うことを決意した。

三月二四日、袁偉時先生の文章が送られてきた。私は直ちに社内ネットワークを使って社に文章を送った。下記は交渉過程の記録である。

二〇〇六年三月二四日午前一一時二分、袁偉時先生から張海鵬氏の「反帝反封建は近代中国のテーマ」に対する反駁文を受理した。袁先生は以下のようなメッセージを添付してきた。

大同さん

『氷点』は三月一日号で、私を批判する文章を載せました。学術討論の公認基準に基づくと、私には弁明する権利があります。今、「反帝反封建はなぜ、いつ、どのように行なわれたか」という文を書きました。『氷点週刊』の連絡方法がわからないのでお手数ですが編集部に渡していただき、なるべく早く発表していただきたい。拙著を渡していただけましたらご一報ください。ご協力感謝します。

袁偉時

二〇〇六年三月二四日

私は直ちに袁偉時先生の手紙と文章を、社内ネットワークを利用して中国青年報常務副編集長兼『氷点』編集主幹に送った。その際、以下のメッセージをつけた。

××

袁偉時先生による張海鵬氏の文章への反駁文を送ります。結果がどうあれ、袁先生に正式な回答をしていただければ、と考えております。

李大同（二〇〇六年三月二四日　一二時二二分三秒）

一時間半後、×××から返事が来た。

袁偉時先生にご回答ください。我々はこの問題を再度討論する用意はありません。袁先生と張先生の文章が往き交ったところで、『氷点』はこの問題に終止符を打ちます。袁先生に感謝します。

（二〇〇六年三月二四日　一三時五三分四七秒）

私は直ちに返信した。

再度ご検討ください。袁先生の文章を掲載しなければ弊害が生じるでしょう。現在の局面は決して「往き交った」のではなく、張氏が袁氏を批判したにとどまっています。これでは「往った」に過ぎません。袁氏の反駁文を発表することで初めて「往き交った」ことになるのです。掲載しなければ海外メディアが躍起になって報道し、反駁文が持つニュース性によって、袁氏の文章はネット上で大量にばら撒かれるでしょう。また、同時に『氷点』及び編集主幹としてのあなたの名誉も著しく損なわれるでしょう。

袁先生の文章は、歴史には関係ない部分（たとえば「左毒」など）を削除し、純粋な歴史の分析部分を選んで発表すれば、当局・団中央・『氷点』そしてあなた個人にとって弊害よりも利益が大きいと思います。また、この討論が学術的路線に戻ることで、国外の反応も良くなるでしょうし、ひいてはこれが胡錦涛氏の見識に対する指標とみなされるでしょう。もちろんそれには団中央の同意が必要です。

今一度ご検討ください。再度のお返事をお待ちして、袁先生に再度通知します。いかがでしょうか。

大同（二〇〇六年三月二四日　一五時四分五二秒）

三月二五日午前八時、私は香港の『文匯報』に国務院報道弁公室職員による見解が掲載されているのを発見し、直ちに再び『氷点』編集主幹に連絡した。

香港文匯報の今日の報道を添付します。もし我々が袁氏の反駁文を発表しなければ、国務院の報道弁公室の発言はでたらめだということになります。それはとても耐えがたいことです。国外の記者は袁先生の文章が我が社に渡されていることを既に知っています（昨夜ある記者が事実を確認しに来ました）。必ずや徹底的に追求するでしょう。袁先生から昨夜電話があり、結果を尋ねられましたので、あと数日待っていただきたいとお返事しました。もしそちらが掲載しないなら、直ちに香港の明報と日本の産経新聞に同時掲載するとおっしゃっていました。ダイジェスト版の掲載は、当局とそちらにとって弊害よりも利益が大きいと確信しています。

お返事お待ちしております。

大同（二〇〇六年三月二五日　八時五〇分二三秒）

文匯報　二〇〇六年三月二五日　中国ニュース　Ａ〇五

国務院報道弁公室、民意に沿うように『氷点』を調整

【本紙北京報道センター記者　韓笑二四日電】国務院報道弁公室第六局の馮局長が先日、香港メディアの在北京記者友好活動に参加した際、内地の報道管制の開放・開示・緩和は更に進展している、と述べた。

また、会談中馮局長は本紙記者による『氷点』・『公益時報』などに関する質問に対し、「『氷点』に関するメディアの報道は李大同『氷点』編集主幹が公開した手紙の内容のみを引用し、他方面の見解に耳を傾けておらず、『氷点』が掲載した袁偉時氏の文章にも目を通していない。『氷点』が袁氏の文章を掲載した後、一部の読者が新聞社や管理部門宛てに手紙を書き不満を表明した。『中国青年報』の管轄部門が一時停刊を決定したのはまさにそのためである。『氷点』復刊後、袁偉時氏の考えを批判した張海鵬氏の文章を掲載したことをうけて、袁氏は自分の考えを述べて反駁をすることができる。このことから十分に言論の自由があり、決して言論を妨げたり、言論の自由を制限するものではないことがわかろう」と述べた。

三月二七日午後四時

『氷点』編集主幹からはついに三月二五日のメッセージに対する回答はなく、私は今日午後四時直接彼に電話して考えが変わったかどうか尋ねた。彼はやはり掲載しないと答え、また、団中央とも相談していない、と言った。海外メディアが報道しますよ、と私がと言うと、彼は、報道するならすればいい、と言った。

結果として、袁先生による反駁文を中国青年報の『氷点』に掲載する努力は失敗に終わった。

李大同

三月二七日一六時一五分

こうして政権党内における、法律や党規約・党章を根拠にした政治闘争は一応の終結を見た。法による闘争の種は既にまかれたと私は確信している。報道界の同志たちや、中国で一日も早く自由と民主が実現されることを目指す人々の士気は高められた。世界の歴史の流れに逆行すると、将来必ずその報いを受ける。最後に笑うのは己の利益を守ろうとする頑なで無知な官僚どもでは決してない。
今回の闘いのさなか、多大なご支持と声援をいただいた政界・報道界の先輩方、共に助け合った学術界・法曹界のみなさん、支持してくださった多数の『氷点』読者諸氏に感謝する。また、『氷点』同僚の恐れを知らぬ頑ななまでのがんばりに併せて感謝の意を表する。
我々は、中国における言論の自由実現のための闘いを続けていく。実現の日はそう遠くないはずである。

（完）

二〇〇六年四月一五日

注　本文の内容はすべて私本人が自ら経験したことや、十分に把握している事実によるものである。しかしながらこれが事件の全容ではない。他の当事者によって事件についての全ての内幕が書き出されることを私は信じている。そして、『氷点』停刊事件は将来、完全な形をした歴史の記録となるだろう。

『氷点週刊』停刊騒動が落ち着いてまもない５月中旬、桂林の観光地・漓江で会した三人の当事者。
左から、袁偉時さん、龍応台さん、李大同さん。

訳者後書き

監訳者　三潴正道

この四月下旬、日本僑報社の段躍中氏から突然、翻訳の依頼が入った。最近、日本のマスコミでも大きく取り上げられた『氷点』停刊事件に関して、当時の『氷点』編集主幹であった李大同氏がその停刊に至るまでの顛末を記したものだ、と言う。

経済が猛スピードで発展する中国では、それゆえのきしみもまた大きい。矛盾を暴き、摘発する言論と、安定第一を旗印に、これらの言論を統制しようとする政府や共産党との間に軋轢が生じることは避けられない問題と言えよう。

本書で描かれた内容は、安定第一を旗印とした政府や共産党による言論統制の実態が、はたして妥当なものと言えるかを判断する為に格好の材料を提供するものであり、翻訳者集団・而立会として、快くお受けした。

何分にも時間が限られており、十分な推敲ができたとはいえない。幸いに原文対照であり、不行き届きの点についいえては大方のご叱正を仰ぎたい。

なお、原文中に何度も〝批評〟という語が登場する。通常、中国語の〝批評〟は日本語で「批判」と訳すことが多いが、この文ではプラス評価も含め〝批評〟という語を用いているので、あえてそのままに訳しておいたことを付記する。

（五月二十二日）

著者略歴　李大同　1952年、中国四川省南充に生まれる。1954年、両親とともに北京へ。1968年、「知識青年」として内モンゴル草原の人民公社生産隊に下放。1979年7月、中国青年報社に入社。その後、駐内モンゴル自治区記者、本社特別記者、編集者、編集主任などを歴任。1989年、首都マスコミ関係者1000名と中央指導者との対話活動の発起人となり、職を追われる。1995年、『氷点週刊』創刊。2006年1月に起きた『氷点』停刊事件によって編集主幹を免職となる。主な著書に『氷点故事』（廣西師範大学出版社2005年11月、日本語版は日本僑報社より2006年10月発行予定）。

監訳者略歴　三潴正道　1948年生まれ。東京外国語大学大学院修了。現在、麗澤大学中国語学科教授、日中異文化コミュニケーション研究会代表世話人、而立会会長。時事中国語の専門家。また、各企業で日中異文化コミュニケーション講師として活躍。著書に『現代中国放大鏡』『時事中国語の教科書』シリーズ（朝日出版社）など。2001年よりｗｃｂ上で毎週、中国時事コラム『現代中国放大鏡』を連載中。

訳者紹介　日中翻訳者集団『而立会』。2004年、三潴正道氏が中国の良書を日本に紹介し日中の相互理解を深める事を目的に設立した翻訳グループ。氏の考案した論説体中国語レベル別ステップアップ式学習法によるレベル30突破者で構成。現在会員数30名。レベル別学習通信教育は年2回（4月・9月開始、各15週）行われている（無料）。参加希望者は而立会事務局まで（毎期定員30名）、ホームページ http://www.geocities.jp/jiritsukai/。

※本書は2006年に日中対訳版として発刊された同名書籍をもとに、日本語訳版を復刻したものです。

The Duan Press

【復刻版】『氷点』停刊の舞台裏
問われる中国の言論の自由

2024年11月22日　第1刷発行
著　者　李　大同（り だいどう）
監訳者　三潴正道（みづま まさみち）
訳　者　而 立 会（じりつかい）
発行者　段　景子
発行所　株式会社日本僑報社
〒171-0021 東京都豊島区西池袋3-17-15
TEL03-5956-2808　FAX03-5956-2809
info@duan.jp
http://jp.duan.jp
e-shop「Duan books」
https://duanbooks.myshopify.com/

ISBN 978-4-86185-362-3　C0036